Los mejores cócteles del mundo

A pesar de haber puesto el máximo cuidado en la redacción de esta obra, el autor o el editor no pueden en modo alguno responsabilizarse por las informaciones (fórmulas, recetas, técnicas, etc.) vertidas en el texto. Se aconseja, en el caso de problemas específicos —a menudo únicos— de cada lector en particular, que se consulte con una persona cualificada para obtener las informaciones más completas, más exactas y lo más actualizadas posible. EDITORIAL DE VECCHI, S. A. U.

© De Vecchi Ediciones 2021
© [2021] Confidential Concepts International Ltd., Ireland
Subsidiary company of Confidential Concepts Inc, USA
ISBN: 978-1-63919-108-6

El Código Penal vigente dispone: «Será castigado con la pena de prisión de seis meses a dos años o de multa de seis a veinticuatro meses quien, con ánimo de lucro y en perjuicio de tercero, reproduzca, plagie, distribuya o comunique públicamente, en todo o en parte, una obra literaria, artística o científica, o su transformación, interpretación o ejecución artística fijada en cualquier tipo de soporte o comunicada a través de cualquier medio, sin la autorización de los titulares de los correspondientes derechos de propiedad intelectual o de sus cesionarios. La misma pena se impondrá a quien intencionadamente importe, exporte o almacene ejemplares de dichas obras o producciones o ejecuciones sin la referida autorización». (Artículo 270)

Antonio Primiceri

LOS MEJORES CÓCTELES DEL MUNDO

Índice

Prólogo	9
Cóctel: una palabra misteriosa	11
Antes de empezar	13
El ambiente y los utensilios	15
Los vasos de cóctel	19
Ingredientes especiales	23
Para un bar bien provisto	25
Advertencias y consejos	29
Las tapas	31
Los gestos del barman	33
Cócteles: long, short, hot	35
Los famosos cincuenta	37
Los campeones del mundo	47
Los nuevos «mundiales»	53
RECETARIO	67
Índice general de cócteles	153

Prólogo

Desde que el mundo es mundo, el hombre ha creado siempre mezclas de bebidas, de acuerdo con su fantasía y su gusto porque, incluso en este campo, la búsqueda de la novedad es un incesante impulso hacia la creación y la experimentación. Así realiza bebidas que degustar y que someter a la opinión de los amigos.

Esta es la razón de que, aunque los grandes maestros de este arte sean los barmans, cualquier persona, antes o después, pueda «crear» un cóctel propio, e incluso que su creación llegue a aparecer en un libro como este, ya sea por casualidad o porque, con el paso del tiempo, se haya hecho famoso.

El cóctel es como un chiste: si es divertido y picaresco, logra dar la vuelta al mundo en poco tiempo; sin embargo, mientras que el chiste pierde actualidad y agota con rapidez su fuerza de impacto, el cóctel, si es «un buen cóctel», mantiene durante largo tiempo su atractivo para el gusto. En este volumen se han recogido numerosísimas recetas; además de las correspondientes a los «clásicos», hay muchísimas otras surgidas como simples variantes de cócteles más conocidos o como creaciones nuevas y personales de hábiles barmans.

Este es el objetivo último del presente prólogo: confesar que en este libro no he inventado nada; me he divertido recogiendo, ensayando y... bebiendo docenas y docenas de «experimentos», aprovechando la suerte de tener tantos amigos «adictos al trabajo» y conocer tantos bares bien surtidos en Milán. ¡Si hubiese encontrado uno que no fuera de mi gusto! Eran todos exquisitos y habría continuado mis investigaciones si el editor no me hubiera urgido para la rápida entrega del texto; sin embargo, no digo que en un futuro...

Agradezco de corazón a todos aquellos que me han ayudado a realizar la recolección de estas recetas. Me habría gustado poner al lado de cada receta su procedencia y su autor, pero os aseguro que me ha sido imposible atribuir una paternidad ni siquiera a mis propias creaciones, pues aunque me habría atrevido a jurar que eran inéditas, cada una puede tener diez autores y lugares de procedencia diferentes, lo que equivale a decir que hoy es difícil crear algo absolutamente nuevo. Debo dar las gracias por la redacción de los textos y la investigación a María Teresa Bandera, Iride Dellea y a mis queridos amigos y colegas, desde Sergio Berrini y Luigi Rava, del Hotel Hilton de Milán, hasta Toni May, de Nueva York, Massimo Ferrari, de São Paulo, y Santina Benenati, de Kenya.

Cóctel: una palabra misteriosa

En el bar se bebe café, bebidas, zumos... Pero *bar* es sinónimo de licores, de alcohol y, por descontado, de cócteles.

De chico no podía ir al bar; lo tenía terminantemente prohibido. Como máximo, me estaba permitido ir a la granja donde, naturalmente a escondidas, nos servían deliciosos *frappés*, por decirlo así, ligeramente alcohólicos. Pero la fascinación que el bar ejercía sobre mí no era sólo debida a la libertad de beber alcohol, sino al sencillo placer de degustar una Coca-Cola encaramado en aquellos altísimos e incómodos taburetes situados delante de la barra. Siempre he imaginado que aquellos taburetes constituyen una especie de prueba de resistencia...

Pero centrémonos en la historia de los cócteles. En estos momentos mi preocupación consiste en saber a quién debo dirigirme. ¿A los profesionales, a los que aspiran a serlo o a aquellos que desean asombrar a sus invitados? Considero que este libro será de gran ayuda como recordatorio para los aspirantes a barman y para los aficionados a los cócteles.

Qué son los cócteles está dicho en un momento: son bebidas mágicas que tienen el poder de distender el espíritu y satisfacer el gusto por la buena vida. Los cócteles tienen su historia y muchos autores han intentado revelarla. Una de las versiones cuenta que, durante la guerra de secesión norteamericana, no siempre se conformaban con el acostumbrado whisky, el vino u otros licores, sino que pretendían algo particular, de forma que el encargado del bar, para complacerlos, intentaba las más diversas mezclas para obtener una bebida de efectos «detonantes». Los oficiales, entusiasmados con estas preparaciones, las bautizaron como *cocktails* («colas de gallo») por los colores variopintos que se obtenían con las distintas mezclas. Por otro lado, también se hace referencia al hecho de que el caballo de carreras no pura sangre, en la jerga hípica, recibe el mismo nombre, *cocktail*; algún apasionado bebedor amante de los caballos aseguró que la palabra hacía referencia a la sangre mixta de los caballos. Una tercera versión hace derivar la palabra del francés antiguo *coquelet*, nombre con el que se indicaba en el siglo XVIII en Burdeos una mezcla concreta de licores. Y aún hay otra versión, llegada de Nueva Orleans, según la cual el término va unido a *coquetier*, «huevera», aparato con el que se medían los ingredientes. De todas formas, la que más me convence es la versión procedente de América Central, donde después de las peleas de gallos, el propietario del vencedor recibía como trofeo la cola del gallo vencido y brindaba en el bar con los amigos *on the cock's tail*, o sea, a la cola del gallo. De aquí la palabra *cóctel*.

Antes de empezar

He aquí pocas pero importantes sugerencias para que usted pueda adquirir el estilo de un verdadero experto.

Libros y recetas deben estar celosamente escondidos: darían al invitado una impresión de «aficionado» que podría despertar desconfianzas. Por el contrario, hay que tener a la vista y perfectamente alineadas botellas ya abiertas y empezadas, por lo tanto, con un aspecto «vívido», además de los vasos, fruta fresca y exótica y diferentes guarniciones: sombrillitas, cucharillas con figuras decorativas, cerezas al marrasquino, cebollitas dulces, etc. Pero pasemos a recomendaciones más técnicas. En los cócteles fríos, el hielo jamás debe deshacerse en exceso, pues alarga la medida y le resta sabor; hay que abreviar en lo posible el tiempo de preparación.

El procedimiento ideal para la preparación sigue fases bien definidas: se pone en el *shaker* o coctelera, o bien en el *mixer* o vaso mezclador, los cubitos de hielo, agitando para que las paredes del recipiente se refresquen, se elimina el agua que se ha formado y se añaden los ingredientes elegidos, todo ello con mucha rapidez; se agita enérgicamente y se vierte lo preparado en los vasos correspondientes, reteniendo el hielo que ha quedado con el colador o *strainer*.

Mucho cuidado con la dosificación, en especial si se efectúa de forma directa y frente a los invitados. Hay que entrenarse para conseguir captar al vuelo la cantidad necesaria, que se dosificará a ojo pero siempre con gran precisión.

En la mayoría de los casos, para mezclar se utiliza la coctelera, especialmente cuando la receta contiene ingredientes difícilmente solubles como nata, azúcar, zumos de frutas o huevos. La mezcla, sin la menor duda, queda mucho mejor amalgamada con la coctelera, pues permite sacudidas enérgicas y definitivas (en general, el tiempo máximo indicado es de unos 15 segundos).

Al principio, simplemente se mezclaban en el vaso todos los ingredientes, como todavía se hace para preparar algunos cócteles; después se pasó al vaso mezclador (hay tipos graduados), que hoy se emplea en la elaboración de muchos cócteles, sobre todo para obtener una bebida no demasiado turbia.

El ambiente y los utensilios

El bar profesional tiene necesidad de espacios y de instalaciones particulares diseñados por un experto en tales cuestiones.

En lo que concierne a la vivienda, en cambio, si bien hoy cualquiera puede permitirse tener su propio «bar» más o menos bien provisto, no siempre resulta posible.

Sin embargo, los que no disponen de espacio pueden recurrir a soluciones de fantasía, por ejemplo, una vieja cuna, una estufa de leña, un tonel de vino, adaptado con una puertecilla en la panza o completamente abierto, con las botellas a la vista.

Soluciones más sencillas y económicas son el carrito de servicio, más o menos elegante, o una mesita; en este caso, las preparaciones y las distintas operaciones preliminares se efectúan antes en la cocina, donde se podrá usar también el frigorífico, el fregadero, la despensa y los electrodomésticos.

Los utensilios más comunes —si exceptuamos la coctelera— necesarios para la preparación de un cóctel se encuentran en casa, entre los útiles normales de la cocina.

Antes de realizar uno de los cócteles descritos en este libro es preciso tener todo lo necesario al alcance de la mano para trabajar en el menor tiempo posible. Veamos ahora cuáles son los principales utensilios y para qué sirven.

Coctelera o *shaker*

Es fundamental para mezclar los ingredientes, sobre todo para cócteles que contengan huevo, fruta, nata o azúcar.

El *shaker* o coctelera es una botella de plata, vidrio o acero inoxidable que se abre por la mitad; la parte inferior es parecida a un vaso grande. Algunos modelos llevan el colador incorporado, pero, en general, no son aconsejables porque los pequeños orificios se obturan fácilmente con los residuos de los zumos de los agrios o la pulpa de la fruta.

Mezclador o *mixer*

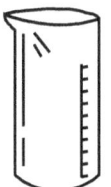

También se le suele llamar vaso de mezcla; casi siempre es de vidrio, y algunas veces está graduado. Se usa para las mezclas que no es preciso agitar. También puede usarse para ello la parte inferior de la coctelera.

Batidora o *blender*

El uso de la batidora para la realización de ciertos cócteles es bastante reciente pero cada vez resulta más relevante.

Colador o *strainer*

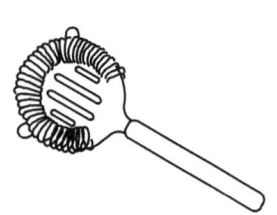

Es de metal plateado y está provisto de una espiral. Sirve para impedir que los cubitos de hielo o los pedacitos de fruta caigan en el vaso cuando se vierte el cóctel.

Cucharilla de bar

Se trata de una cucharilla de mango muy largo que sirve para mezclar y dosificar los ingredientes. En general una cucharilla de bar tiene una capacidad de 5 cc.

Vaso medidor o dosificador

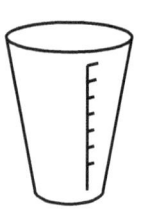

Es un vaso graduado que sirve para dosificar la cantidad de líquido que se ha de mezclar. Se encuentra con facilidad en los establecimientos de artículos para el hogar. Se trata, sin embargo, de un utensilio que debe estar escondido, pues un buen barman tiene que saber preparar una mezcla perfecta dosificando «a ojo» los ingredientes.

Mondador

Sirve para preparar decorados con la cáscara fileteada de la naranja o el limón, evitando cortar también la parte blanca de la fruta, de difícil digestión.

Sacacorchos

Sólido y de fácil empleo, suele llevar incorporado un cuchillito para cortar las cápsulas de las botellas; las espirales se encuentran distanciadas y son amplias para que no rompan los tapones.

Rallador

En general se necesita un mínimo de dos ralladores: uno para los agrios y otro para la nuez moscada y demás ingredientes sólidos.

Cubitera o cubo para hielo

Recipiente de plata, cristal o acero inoxidable; algunos son de plástico isotérmico. Son indispensables las pinzas o la cucharilla dentada para coger los cubitos de hielo.

Cuchillito

Tiene que estar bien afilado, quizá de sierra y acabar en doble punta para poder pinchar los pedacitos de los agrios.

Ponchera o sopera

Es útil para preparar cócteles cuando hay numerosos

invitados, pero también puede sustituirse por garrafas de distintos tamaños.

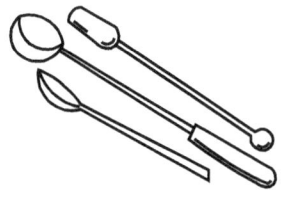

Cucharas

Son necesarias cucharas y cucharillas de varias medidas para mezclar directamente en el *mixer* o en el vaso, o para dosificar algunos ingredientes; en cualquier caso, jamás deben dejarse en el vaso.

Además...

• *Abrelatas*, para las bebidas, los zumos de fruta y la leche condensada.

• *Batidor*, muy útil en la preparación de *frappés*.

• *Cuchara mezcladora*. Es un largo y delgadísimo instrumento indispensable para los cócteles que no se preparan en la coctelera sino en el mezclador. En la extremidad superior se encuentra una parte redondeada, apta para aplastar y exprimir la fruta o las hojitas de menta o cualquier otra hierba; en la extremidad inferior ofrece una paleta fisurada que permite mezclar perfectamente los distintos ingredientes.

• *Descapsulador* para quitar los tapones de corona.

• *Exprimidor* para los cítricos, que puede ser eléctrico, pero sin discusión es preferible el manual.

• *Pinza* para los tapones de cava.

• *Sifón* para el seltz.

• *Tenedor* a juego con las cucharas y cucharillas, por razones puramente estéticas. Puede tener dos o tres púas, nunca cuatro.

• *Triturador de hielo* eléctrico o manual, sin olvidar el *schotchmist* para el hielo en nieve.

• Para completar la lista de los accesorios indispensables recordaremos las *azucareras* de distintos tipos, *platitos*, *tapones pulverizadores*, *recipientes para las pajas*, etc.

Los vasos de cóctel

Para hallarse dispuesto ante cualquier circunstancia, el bar o el rinconcito dedicado al bar en nuestra casa debe estar provisto, además de los utensilios ya citados en el capítulo anterior, de cierto número de vasos, distintos por su forma y sus dimensiones, que nos permitan presentar a nuestros invitados y degustar de la forma más indicada las bebidas que prepararemos.

Hay que tener presente que los cócteles suelen servirse fríos, salvo diversa y específica indicación (como ocurre en el caso de los preparados que se sirven calientes), y una forma de enfriar los vasos es la de llenarlos de hielo que, obviamente, se tirará antes de verter la bebida.

Si, en cambio, el cóctel se ha programado con antelación, se colocan los vasos en el congelador un par de horas antes; así, además de responder a una necesidad resultarán satisfactorios también bajo el punto de vista estético por esa grata pátina de escarcha que entusiasmará a los invitados.

Tanto en casa como en el bar, cada bebida «pide» su vaso. Un cóctel bebido en un vaso no adecuado pasaría inadvertido.

Además, los vasos deben ser, sin discusión, incoloros, transparentes y sin tallados (esta prohibición no afecta a los pies de las copas, por supuesto), para permitir observar el color y la composición de la bebida que, ante todo, tiene que «entrar por los ojos»; sólo de esta forma se podrá degustar plenamente un cóctel.

De todas formas no existen reglas fijas para el uso de vasos; puede dar vuelo a su fantasía siempre que tenga en cuenta el buen gusto y el ambiente. Veamos ahora qué tipos de vasos son los indispensables para poder servir de forma correcta cualquier cóctel.

Copa de cóctel

La clásica copa de cóctel, llamada también «de Martini», es una copita de forma triangular, similar a un cono invertido, que se encuentra en dos dimensiones distintas: la clásica y la doble.

Copa clásica de cava

En la actualidad esta copa no se emplea ya para el cava o el champaña y sus combinados, sino para vinos aromáticos o dulces, aunque también está muy indicada para cócteles de agrios.

Copa globo

Clásica copa de coñac o brandy, también llamada «balón»; tiene forma de cáliz panzudo y al contacto con el calor de la mano permite apreciar el aroma de la bebida.

Copa de licor

Se trata de una copa pequeña, con pie corto, que resulta la más adecuada para los licores dulces o secos.

Copa de pousse-café

Indicado para cócteles a base de café preparados en estratos (famosísimo es el Irish coffee) de forma que los componentes no se mezclen entre sí.

Copa de vino

Tiene la clásica forma de tulipán; pie alto y sin tallado. Permite apreciar plenamente el bouquet de los vinos blancos y tintos.

Copa de vinos especiales

En esta copa se sirven los vinos dulces de tipo oporto, marsala, vermú dulce y vinos de postre en general.

Flauta

Cáliz de forma estrecha y alargada, con pie alto. Sirve para degustar los cava secos y los cócteles a base de cava.

Old fashion u old fashiones

Copa de forma panzuda; está indicada para bebidas elaboradas o cócteles con decoraciones de fruta, cubitos de hielo, soda, etc.

Vaso alto o de long drink

Vaso alto, recto y liso que también recibe los nombres de *tumbler* o *highball*. Existen en distintas medidas; en el vaso mediano (un poco más bajo y más ancho) se suelen servir los long drinks.

Vaso ancho o de whisky

Puede ser cónico o cuadrangular (es el *tumbler pequeño*, un vaso ancho y bajo para el licor puro) donde se puede añadir soda o hielo y que es apto para algunos long drinks.

Vaso de ponche

Es un vaso grande que suele llevar asa, pues se emplea para cócteles calientes y ponches. El asa puede ser de cristal o puede ser un añadido de metal.

Vaso de vodka

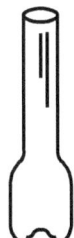

Este curioso vaso es el clásico para servir el vodka, pero también está indicado para los destilados de frutas; pequeño y estrecho, suele ser cilíndrico. Se suele emplear escarchado. Puede ser sustituido por el más actual vaso «de chupitos».

Ingredientes especiales

Además de los utensilios, los vasos y copas y las botellas de licores, resultan con frecuencia muy útiles algunos ingredientes que habrá que tener a mano y que darán un «toque de elegancia» más a las mezclas.

El *jarabe de azúcar* puede prepararse en casa, mezclando una tacita de azúcar con la misma cantidad de agua; se lleva la mezcla a ebullición en una cazuela, cuidando de apartarla del fuego en cuanto el líquido empiece a condensarse, y se conserva en una botellita de vidrio. Se emplea en lugar del azúcar, muchas veces difícil de disolver en presencia de algunos ingredientes.

El *hielo en cubitos* es fundamental en numerosos cócteles, mientras que en otros es más conveniente el *hielo picado* o *frappé*.

La *angostura* es un compuesto de hierbas y especias, necesario en muchas recetas de cócteles, que también se emplea en la cocina. Se presenta en una botellita con pulverizador.

El *azúcar en polvo* y la *miel*.

El *orange bitter* o *bitter de naranja* es un preparado a base de extracto de corteza de naranja, esencial en la preparación de numerosos cócteles, que se presenta en botellitas con pulverizador. También lo hay de melocotón, etc.

La *granadina* es un jarabe rojo, hecho del zumo de la granada. Cuidado con su dosificación: suelen bastar unas pocas gotas, porque al ser de concentración muy elevada y llevar gran cantidad de azúcar podría falsear por completo los resultados.

Los *limones* y las *naranjas* se utilizan tanto por el zumo como para la decoración (se emplean las cortezas en largas espirales).

Las *cerezas*, naturales o en conserva.

El *kiwi* y otras frutas frescas son útiles para decorar y como base de algunos cócteles.

Las hojas de *menta*, *albahaca*, *laurel*, *melocotonero*, etc.

Las *cebollitas* dulces, las *guindas* en alcohol, las *aceitunas* verdes o negras, etc.

Algunas *especias* como pimienta, paprika, clavo, nuez moscada, canela o vainilla.

La salsa *Worcestershire*.

El *café*, fundamental para algunas recetas (por ejemplo, el Irish coffee) es tónico y excitante, al igual que el *té*; ambos son útiles en bebidas largas *(long drinks)* refrescantes.

Para un bar bien provisto

No es en absoluto cierto que un bar de casa bien provisto sea un lujo reservado a unos pocos.

De hecho, partiendo de las botellas de licores, no importa cuántas ni cuáles se tengan en casa, podremos, poco a poco, contemplar las adquisiciones hasta tener a nuestra disposición los ingredientes fundamentales para la preparación de numerosos cócteles.

A continuación indicamos los productos indispensables, pero no las marcas; personalmente, yo elegiría entre las más conocidas y famosas.

Amaretto

Es un típico licor de postre, a base de almendras. Es muy utilizado en la preparación de cócteles, *frappés*, macedonias y dulces en general.

Amargos

Son muy utilizados en los cócteles. Se trata de licores aromáticos que se emplean indistintamente como digestivos o aperitivos. En su composición encontramos hierbas «amargas», como por ejemplo, el ajenjo, el ruibarbo chino, la quina o la genciana, y otros aromas como la vainilla, la canela, el clavo, la centáurea, etcétera. Estas hierbas medicinales se preparan por infusión o por destilación; las hierbas y las raíces esenciales y de principios aromáticos se emplean en infusión; las menos aromatizadas se someten a destilación. Los distintos tipos de hierbas se reúnen para un «envejecimiento conjunto» en cubas de madera de roble, donde madurarán su sabor característico.

Entre los amargos podemos distinguir los dulces, los secos y los verdaderamente amargos. Al primer grupo pertenecen los licores de color claro, rubios, de sabor dulzón; los secos tienen una coloración más oscura y un sabor ligeramente amargo; los amargos son verdaderamente tales y tienen un color marrón oscuro.

Anisete

Óptimo digestivo gracias a su acción desintoxicante; es un licor obtenido por la destilación del anís con hierbas aromáticas.

Armagnac

Producto francés esencialmente artesano; el envejecimiento se hace en barriles de encina negra y durante muchos años. También se le llama «alma ardiente de la Gascuña».

Brandy

En 1949 apareció en Italia un decreto ley con el que, bajo el nombre de *brandy*, se reconocían los aguardientes, los aguardientes de vino y el destilado de vinos que tuvieran, como mínimo, un año de envejecimiento. El objetivo era distinguirlos del coñac francés, denominación reservada exclusivamente a los destilados típicos franceses procedentes de la región de Charente. El brandy se obtiene de la destilación de vinos seleccionados; la parte alcohólica es posteriormente destilada y dividida en tres partes: la «cabeza», el «cuerpo» y la «cola». El brandy es el fruto del cuerpo, la mejor parte del destilado.

Cava

Hay que tener en cuenta, ante todo, que el cava no adquiere mayores méritos envejeciendo; es más, se corre el riesgo de no degustar plenamente su perfume y su sabor. De todas formas, manteniéndolo en las debidas condiciones (al fresco, protegido de la luz, y en posición horizontal, con el tapón en contacto con el vino) puede conservarse con dignidad uno o dos años tras su adquisición.

Coñac

Producto francés de la destilación del vino. Se adapta bien a todas las estaciones y a cualquier uso. En invierno se toma calentando la copa globo en que se sirve con la palma de la mano; en verano resulta un óptimo long drink que se inserta a la perfección en la preparación de muchos cócteles. Se le atribuye una acción vasodilatadora y un elevado poder analgésico.

Curaçao

Licor dulce aromatizado con flores y cáscara de naranja. Existen versiones de curaçao: el blanco (o *triple sec*), que es incoloro, el curaçao orange, de color ambarino, y el curaçao verde, amarillo o rojo, con sus respectivos colores muy intensos.

Espumosos

Corresponde a los «cavas». Además del método *champegnois*, se conoce para la preparación de los espumosos italianos el método *charmat*, que reduce los tiempos y los costes del clásico procedimiento de refermentación en botella. Hay varios tipos: brut, seco y semi-seco. Es obligatorio recordar que los vinos espumosos, así como el cava, no pueden jamás agitarse en la coctelera para evitar imprevistos estallidos y para no destruir las finas burbujas.

Ginebra

Este destilado se obtiene principalmente por dos procedimientos diversos: el primero consiste en la destilación directa de las bayas de enebro y otras sustancias; el segundo es una infusión en alcohol de bayas de enebro unidas a otras sustancias aromatizantes.

En los comercios se encuentran ginebras secas, otras de sabor más dulce y otras intermedias. Se puede tomar sola o con otros ingredientes en la preparación de numerosos cócteles.

Grappa

Existen dos grandes categorías: las piamontesas (en la que se utilizan las mejores uvas, como las de Barolo y el moscatel de Asti) y las vénetas (obtenidas del orujo Merlot, Prosecco y Raboso), friulianas y trentinas.

Jarabes

Entre los jarabes, los más empleados son los de limón, menta y tamarindo, además de la granadina.

Jerez

Aunque español por definición, su nombre inglés es más internacional aún que el original: *sherry*. En los comercios se encuentra en distintas calidades: fino, oloroso, manzanilla dry y amontillado. Después de la vendimia los racimos se exponen al sol para aumentar su contenido en azúcar. Los vinos más dulces se obtienen con la adición de brandy o con el *dulce* que no permite la fermentación y retiene la naturaleza dulce del mosto.

Mandarinetto

Característico licor italiano que se obtiene de la mandarina. Se usa en particular para dar color y perfume a los cócteles.

Marrasquino

Típico licor italiano obtenido del zumo de ciertas cerezas amargas, estrujadas y prensadas. El nombre lo recibe de la planta que nos ofrece tales cerezas, la marasca.

Marsala

En los comercios se encuentran distintos tipos: fino, superior, virgen y marsala especial, o sea, al huevo, a la crema, a la almendra, a la avellana...

Oporto

Existen dos calidades de oporto: blanco y tinto; no existe ninguna diferencia en la vinificación. Se produce en los alrededores de la ciudad de Vilanova de Gaia, cercana a Oporto, en Portugal.

Ron

Otro destilado muy aromático procedente de las Antillas y desde allí extendido a todo el mundo. Se obtiene de la caña de azúcar. Tenemos el deber de distinguir el ron original de los de fantasía; los primeros son importados ya embotellados desde su lugar de origen; los segundos se producen en las distintas localidades y se aromatizan de forma artificial.

Vermú

Se trata de un vino licoroso aromatizado. Según la receta se puede elegir blanco, seco, amargo, rojo o rosado. Es un producto típico italiano, originario del Piamonte, que no debe tener un excesivo grado alcohólico, no debe ser ni demasiado amargo ni demasiado perfumado.

Vodka

Es, sin ningún género de dudas, el licor ruso más conocido, aunque existan versiones finlandesas, polacas e italianas. En el comercio se encuentran también vodkas aromatizados al limón, a la naranja, etc.

Whisky

Los tipos más empleados son el *scoth* (escocés) el *bourbon* (americano) y el *rye-whisky* (destilado de centeno) y el *canadian-whisky* (canadiense).

Otros licores útiles

Los licores que nos pueden ayudar en la elaboración de cócteles son incontables; aquí citaremos los más conocidos: agua de cedro, Amer Picón, Bénédictine, Bitter Campari, brandy de cerezas y de albaricoque, calvados, Chartreusse verde y amarillo, Cointreau, Cordial Campari, crema de cacao, crema de chocolate, crema de grosella, crema de noyó, Drambuie, Dubbonet, Fior di Mandarino, genzianella, Grand Marnier, kirsch, kummel, licor de frambuesa, Liquore Galliano, Mammuth, Pernod, Pimm's, ponche sueco, sake, sambuca, tequila, Verveine du Velay, etc.

Advertencias y consejos

Las sugerencias que vienen a continuación, por obvias, parecen tonterías; sin embargo, son el fruto de los errores que he cometido o he visto cometer y que sería conveniente evitar.

Por ejemplo, hay que observar siempre las cantidades indicadas en las recetas y si se presenta alguna duda sobre las proporciones, es mejor utilizar una medida.

Es importante adquirir las mejores marcas de licores para utilizarlas como base y, sobre todo, hay que tener siempre a mano las especialidades de la zona. Así, en cuanto a los vinos, habría que tener siempre en la nevera una botella de vino blanco y una del mejor cava, que resultará muy útil para un cóctel improvisado (una flauta de cava, salpicado con bitter y con una corteza de limón). Cuando el contenido de la botella de licor esté casi acabado conviene trasvasar el que queda a botellas de menor tamaño; son muy indicadas y de gran efecto las botellas de vidrio o cristal tallado.

Si se tiene un «rincón bar» con el adecuado mostrador, hay que tener al alcance de la mano todos los útiles necesarios, por ejemplo, colocando en los estantes inferiores y a la vista las botellas más usadas y en los estantes superiores las copas, para evitar que al manipular las botellas se rompa la cristalería.

Si en este bar no existe la posibilidad de instalar un pequeño frigorífico y una pila de fregador, hay que procurar que esté lo más cerca posible de la cocina y de todo lo que hace falta.

Cuando se utilicen bebidas gaseosas (desde la soda al cava), es una regla fundamental *no utilizar la coctelera* sino servirlas directamente en las copas.

Cuando, en cambio, se utilice la coctelera o el mezclador hay que tener cuidado al servirlo: no se llena nunca el primer vaso, pues hay que equilibrar la dosificación vertiendo poco líquido en cada copa hasta finalizar el contenido. Esta forma de proceder sirve para evitar que en las preparaciones con hielo el último en ser servido se vea obligado a beber una mezcla demasiado diluida.

Es imprescindible sustituir siempre el hielo en cada nuevo cóctel y lavar siempre la fruta, evitando recuperar el pedacito de limón o de naranja del fondo del vaso o de la guarnición de una mezcla apenas saboreada para volverlo a usar.

El barman no nace, se hace: se precisan años de aprendizaje y experiencia; un barman debe poseer ante todo gran poder de comunicación y buena intuición; no es raro encontrar a un barman que tras una breve comunicación con su invitado o cliente adivine sus gustos. No hay que insistir en proponer la especialidad propia. Para el rechazo puede haber muchas explicaciones; puede ser incluso que la bebida ofrecida ofenda el gusto y la vista, aunque no lo parezca.

No es tarea fácil mezclar entre sí distintos alcoholes. Es preciso tener mucho cuidado con las dosis, sobre todo en lo que se refiere a ingredientes muy perfumados como la grappa, el vermú, la menta, el anisete, etc. Unas gotas de más o de menos pueden comprometer el resultado final. Hay que recordar, además, que no es posible mezclar la ginebra con el whisky, pues son destilados que no se amalgaman, como tampoco se pueden mezclar la ginebra con el coñac o con el vodka: no existe entre ellos la menor afinidad. En cambio, estos destilado combinan bien con algunos licores dulces.

Tres o cuatro licores, como máximo, es la fórmula acertada para un buen cóctel, salvo excepciones; el primero sirve de base; el segundo, de soporte; los otros aportan aromas. El sabor predominante debe darlo el licor de base. Si en el límite de las posibilidades se logra superar las barreras prescritas, podemos dar rienda suelta a la fantasía.

Las tapas

El éxito de un cóctel-party depende también de lo que el dueño de la casa ofrece como acompañamiento de las bebidas: tapas, entremeses, canapés...

Los cócteles no sólo tienen el poder de distender el espíritu, sino también el de preparar el estómago para lo que degustará. Si se pretende complacer al invitado más exigente son aconsejables, sin lugar a dudas, todos los quesos de pasta dura, cortados a daditos o en bolitas, las carnes cocidas y los embutidos, igualmente cortados a dados; buenas frutas, verduras y legumbres, siempre que sean de la estación, aceitunas negras, aceitunas verdes rellenas, caracoles hervidos, ancas de rana fritas, encurtidos, frutos secos, patatas fritas, pastas saladas, jamón serrano, cocido o ahumado, mortadela, caviar y salmón, crustáceos y mariscos, conservas de pescado, etc. En resumen, puede servirse más o menos de todo siempre que esté oportunamente presentado.

La regla básica de estos acompañantes de la bebida es que sean aperitivos: no deben saciar sino preparar para la comida o la cena, que será la continuación del cóctel.

Hay soluciones económicas (huevos duros y patatas fritas), y también caras (salmón y ostras), pero así como el cóctel más alcohólico no es necesariamente el mejor, la tapa más agradable no será siempre la más costosa.

En todo caso es conveniente evitar las tapas demasiado sabrosas para no alterar el equilibrio aromático del cóctel. Cuidado, por lo tanto, con el vinagre, el ajo, la cebolla o el pimiento picante y, en consecuencia, con los pescados en escabeche, los encurtidos y las salsas picantes, etc., que crearían... un buen divorcio con cualquier cóctel.

Los gestos del barman

Para cada cóctel se pueden inventar infinitas variantes personales que tendrán mayor éxito si se presentan con gusto y fantasía.

La buena presentación de un Iris coffee o de un Pousse-café depende de la experiencia y de la seguridad de los gestos del barman. ¡Cuidado con los utensilios! La coctelera, por ejemplo, puede ejercer sobre los «no adeptos» al oficio una particular fascinación, pero debe ser utilizada oportunamente y sin exageraciones.

El momento de la «agitación» atrae siempre la atención sobre el barman; el tintineo rimado y armonioso del hielo cataliza las miradas de todos, como si anticipara el sabor y el perfume de las exquisiteces que se van a saborear; tres o cuatro golpes decididos, luego otros seis o siete más lentos, agitando siempre la coctelera con movimientos diagonales de abajo hacia arriba y girando a medias la coctelera para que el contenido pueda amalgamarse a la perfección, lo que tiene lugar durante una pausa. Un detalle que no debe olvidarse es que en verano los movimientos se efectúan durante un espacio de tiempo más prolongado para que el hielo pueda disolverse y enfriar internamente la bebida, mientras en invierno serán más secos y breves.

Si se tropieza con alguna dificultad para abrir la coctelera y distribuir el contenido, será suficiente un golpe ligero sobre el punto de unión de las dos partes. Atención a no llenar las copas una tras otra, hay que distribuir pequeñas cantidades en cada una hasta que todo el contenido esté repartido equitativamente. Usando el mezclador el procedimiento es obviamente distinto: cuando ya se han vertido en él todos los ingredientes deseados, se mezclan en sentido horario con la cucharilla mezcladora y el resultado se vierte a través del colador para evitar que el hielo caiga en los vasos.

Cócteles: *long, short, hot*

En el ámbito de los cócteles existen varias subdivisiones determinadas por los ingredientes o el tipo de servicio. Para simplificar al máximo se pueden, ante todo, distinguir los *long drinks* (bebidas largas), los *short drinks* (bebidas cortas) y los *hot drinks* (bebidas calientes), aunque en algunas ocasiones puede suceder que los «hot» sean «short» o «long».

Long drinks (bebidas largas)

Cobbler. El término inglés significa literalmente «remendón». Se trata de una bebida helada, poco alcohólica (generalmente de vino, oporto o jerez). En esta preparación se suele usar fruta fresca, incluso zumos, y fruta en almíbar con la adición de hielo picado y soda.

Collins. En estas preparaciones encontramos siempre zumo de limón, jarabe de azúcar y soda, además del licor, que puede ser ginebra pero también vodka, whisky, tequila, ron o brandy. Se sirven en vasos altos y anchos y se bebe con paja que, en este caso, tiene también función decorativa.

Cooler. Puede prepararse en la coctelera o en el mezclador; es muy parecido a los *collins*, pero se adorna con fruta fresca cortada. No debe hacerse muy alcohólico; se sirve siempre con abundante soda.

Cups. Se trata de cócteles a base de vino, cava, ron u otros licores y fruta. Se preparan en una ponchera o una sopera de vidrio y se sirven en flautas muy frías adornados con frutas variadas (van muy bien la pera, la manzana, el melocotón y la naranja).

Fancy drink. Se elabora en la coctelera con hielo, whisky y bitter, y se sirve en copa de cóctel con los bordes guarnecidos de azúcar.

Fizz. Se prepara con zumo de limón, licor (generalmente ginebra) y agua tónica. Esta última constituye la base; se sirve frío, pero no helado, en vaso alto.

Frappé. Para este cóctel sin alcohol, a base de zumos de fruta y hielo, se utiliza la batidora eléctrica que ya ha sido reconocida como uno de los utensilios básicos del barman.

Highball. Bebida larga y fría que combina un licor con soda o bebidas gaseosas. Se trata de una costumbre típicamente americana que ha dado nombre a un típico vaso de forma alargada. El más famoso es el «Cuba Libre».

Julep. En esta mezcla encontramos como ingrediente principal la menta fresca, aplastada con azúcar; las hojas se emplean también como adorno.

Soft drink. Cóctel poco alcohólico, ligero y refrescante.

Zombie. Bebida larga de alto valor alcohólico, originaria del Caribe, compuesta de ron, fruta fresca y zumo de fruta.

Short drinks (bebidas cortas)

Las bebidas cortas o concentradas han sido los primeros verdaderos cócteles que, con la variación de los gustos y las modas, se han «alargado» para hacerse más refrescantes y menos alcohólicos *(long drinks)* o también más calientes *(hot drinks)*. Se sirven en pequeñas dosis y siempre con hielo; son esencialmente alcohólicos y se sirven en las clásicas copas de cóctel.

Crusta. Se diferencia, principalmente, por la forma de servirlo, porque el vaso se presenta con el borde humedecido y pasado por azúcar.

Daisy. Significa literalmente «margarita»; se utiliza zumo de limón, jarabe de cedro, poco azúcar y poca soda. Generalmente se sirve en vaso mediano o en el clásico *old fashioned*.

Flip. A base de jerez o de marsala, se reconoce por la adición de huevo fresco y azúcar; se sirve helado y en copa de vino.

On the rocks. Pasada por la coctelera o directamente preparada en el vaso, esta mezcla se caracteriza por la utilización de hielo en cubitos.

Pick me up. Significa literalmente «levántame»; se trata de un cóctel bastante alcohólico, reconstituyente y tónico.

Pousse-café. Es fundamental que los ingredientes no se mezclen entre sí; con la ayuda de una cuchara de bar se van vertiendo los distintos líquidos que escurren lentamente por el vaso del mismo nombre, formando capas de distintos colores.

Sour. Cóctel con zumo de limón y una cereza.

Zoom. Se prepara en la coctelera; está integrado por nata y miel.

Hot drinks (bebidas calientes)

Son bebidas que se suelen servir calientes.

Eggnog. Esta preparación a base de leche, huevos, con el añadido de vino de alta graduación alcohólica y licores, puede ser en algunos aspectos una bebida larga, pero según las estaciones y los ambientes, puede ser también una bebida corta.

Grog. Los destilados utilizados en esta bebida se calientan con algunas especias, mantequilla y limón.

Ponches. Se preparan con agua, azúcar, limón y un licor, generalmente ron pero, de acuerdo con los gustos, se puede usar vino de alta graduación, licor de naranja, de mandarina... Tienen efecto tónico y fortificante.

Los famosos cincuenta

Después de la segunda guerra mundial, cuando pasaron los años difíciles de recuperación económica y moral, la gente deseaba más que nunca redescubrir lo bello, lo agradable, el optimismo; en una palabra, la alegría de vivir con entusiasmo y confianza.

En 1949 se funda la Asociación italiana de barmen y mantenedores (AIBES) que se adhiere a la existente IBA, International Bartenders Association. Los éxitos y las aportaciones de la AIBES al campo internacional han sido innumerables; en la actualidad, este gran organismo engloba treinta asociaciones nacionales de los cinco continentes.

En 1960, en París, el entonces presidente Angelo Zola codifica y reconoce oficialmente algunos cócteles de entre los más renombrados y difundidos, estableciendo una lista de cincuenta cócteles que se convertirá en decálogo de los profesionales del sector. Transcurren los años y en el ambiente se percibe un cambio debido a la moda y, sobre todo, a la maduración del gusto. El paladar del consumidor se ha hecho más exigente. Sobre tal evolución han actuado informaciones directas, o sea, cursos de degustación y de información alimentaria (además de la personal y atenta selección en la unión de alimentos y bebidas más que en la mezcla de ingredientes) y las indirectas, en la televisión y los periódicos. De esta forma se ha llegado a una revisión oficial de este código con un posterior y más atento estudio de las proporciones, expresadas hoy en fracciones.

Adonis

 aperitivo
grandes ocasiones y fiestas

2/3 de jerez seco
1/3 de vermú rojo
1 gota de bitter de naranja

Es la primera receta oficial de los cincuenta cócteles mundiales reconocidos por el IBA. Vierta en el mezclador los ingredientes en el orden arriba indicado. Añada algún cubito de hielo, mezcle y, reteniendo el hielo con el colador, sirva en las copas de cóctel previamente enfriadas.

Affinity

 aperitivo
grandes ocasiones y fiestas

1/2 de scotch whisky
1/4 de vermú seco
1/4 de vermú rojo
2 gotas de angostura

Prepare en el mezclador algunos cubitos de hielo y vierta en orden los ingredientes.

Agite con la cucharilla mezcladora y sirva en copas de cóctel bien frías precedentemente, reteniendo el hielo con el colador.

Alaska

relajante

3/4 de ginebra seca
1/4 de Chartreuse amarillo

Prepare este cóctel en la coctelera con los ingredientes y unos cubitos de hielo; después de haberlo agitado todo durante unos segundos, sirva en copas de cóctel previamente enfriadas.

Alexander

energético y euforizante
grandes ocasiones y fiestas

1/3 de coñac
1/3 de crema de cacao
1/3 de crema de leche

Por supuesto que este cóctel no puede ser calificado de aperitivo, pero es una bebida agradabilísima a cualquier hora.

En la coctelera se agitan enérgicamente durante unos segundos los ingredientes a los que se han añadido cubitos de hielo. Si no se dispone de flautas puede servirse en copas de cóctel.

Angel face

digestivo
grandes ocasiones y fiestas

1/3 de ginebra seca
1/3 de apricot brandy
1/3 de calvados

Ideal para terminar una comida, pero también para tomarlo durante la noche. Agite los ingredientes con cubitos de hielo en la coctelera durante unos segundos y sirva en copas de cóctel.

Bacardi

relajante

2/3 de Bacardi
1/3 de zumo de limón
1 gota de granadina

Agite en la coctelera los ingredientes con cubitos de hielo. Sirva en copas de cóctel o en copas de cava. También se puede ofrecer como aperitivo.

Bamboo

aperitivo
grandes ocasiones y fiestas

1/2 de jerez seco
1/2 de vermú seco
1 gota de bitter de naranja

Prepare los ingredientes en el mezclador con unos cubitos de hielo. Después de haber mezclado con la cucharilla durante unos instantes sirva en las copas de cóctel.

Bentley

aperitivo
grandes ocasiones y fiestas

1/2 de calvados
1/2 de Dubonnet

Prepare en el mezclador algunos cubitos de hielo y añada el calvados y el Dubonnet. Mezcle todo con la correspondiente cucharilla durante unos instantes y, reteniendo el hielo con el colador, sirva en copas de cóctel.

Between the sheets

 digestivo
grandes ocasiones y fiestas

1/3 de Bacardí
1/3 de Cointreau
1/3 de brandy
1 gota de limón

La traducción del nombre es «entre las sábanas»; por lo tanto, se trata del clásico cóctel de las «buenas noches». Agite los ingredientes en la coctelera junto con algunos cubitos de hielo durante unos segundos.
Sirva en copas de cóctel.

Block and fall

 digestivo
grandes ocasiones y fiestas

1/3 de coñac
1/3 de Cointreau
1/6 de calvados
1/6 de Pernod

Agite en la coctelera los ingredientes indicados con cubitos de hielo durante unos segundos.
Sirva en las copas de cóctel previamente enfriadas.

Bloody Mary

 refrescante
grandes ocasiones y fiestas

3/4 de zumo de tomate helado
1/4 de vodka de 50°
2 gotas de salsa Worcestershire

Prepare directamente en el vaso alto, mezclando los ingredientes con una cucharilla de bar. Puede servirse como aperitivo.

Bobby Burns

 relajante

1/2 de whisky escocés
1/2 de vermú rojo
3 gotas de Bénédictine
1 rizo de corteza de limón

En el mezclador coloque unos cubitos de hielo y una los ingredientes. Se mezcla con la cucharilla de bar y se sirve en copas de cóctel con un rizo de corteza de limón.

Bombay

 aperitivo
grandes ocasiones y fiestas

1/2 de brandy
1/4 de vermú rojo
1/4 de vermú seco
1 gota de Pernod
1 gota de curaçao

Se puede preparar este cóctel en la coctelera o en el mezclador. Se sirve en copas de cóctel previamente enfriadas.

Bronx

 aperitivo
grandes ocasiones y fiestas

1/3 de ginebra seca
1/3 de zumo de naranja
1/6 de vermú seco
1/6 de vermú rojo

Se trata de un aperitivo ideado en el más conocido y típico barrio de Nueva York y que ha dado la vuelta al mundo. Hay que prepararlo en la coctelera con poco hielo. Se agitan los ingredientes durante unos segundos y se sirve en las copas de cóctel o de cava.

Brooklyn

 relajante

2/3 de rye whisky
1/3 de vermú rojo
1 gota de marrasquino
1 gota de Amer Picón

El rye whisky es un whisky de centeno, de sabor muy acusado, pero difícil de encontrar. Puede sustituirse por whisky canadiense. Se vierten los ingredientes en el mezclador con unos cubitos de hielo. Se mezcla bien con la cucharilla de bar y se sirve en copas de cóctel muy frías.

Caruso

 aperitivo
grandes ocasiones y fiestas

1/3 de ginebra seca
1/3 de vermú seco
1/3 de licor de menta verde

Vierta en la coctelera todos los ingredientes, añada unos cubitos de hielo y agite. Sirva en copas de cóctel.

Casino

 digestivo
grandes ocasiones y fiestas

3/4 de ginebra seca
1/12 de marrasquino
1/12 de bitter de naranja
1/12 de zumo de limón

Prepare los ingredientes en la coctelera añadiendo unos pocos cubitos de hielo. Agite y sirva en copas de cóctel muy frías. Adorne con una cereza, preferentemente al marrasquino.

Claridge

 relajante

1/3 de ginebra seca
1/3 de vermú seco
1/6 de apricot brandy
1/6 de Cointreau

Prepare esta bebida en el mezclador con unos cubitos de hielo, mezclando con la cucharilla de bar. Sirva en las copas de cóctel previamente enfriadas.

Clover Club

 grandes ocasiones y fiestas

2/3 de ginebra seca
1/3 de granadina
el zumo de 1 limón
1 clara de huevo

En la coctelera vierta todos los ingredientes con unos pocos cubitos de hielo. Agite y sirva en copas de cóctel doble o en copas de vino. Este cóctel puede ofrecerse como postre.

Czarina

 digestivo
grandes ocasiones y fiestas

2/4 de vodka de 50°
1/4 de vermú seco
1/4 de brandy de albaricoque
1 gota de angostura

Este cóctel tal vez fue ideado en Francia durante el exilio de los últimos nobles rusos, que se refugiaron allí después de la caída del zar.

Vierta los ingredientes en el mezclador con unos cubitos de hielo. Agite con la cucharilla de bar y sirva en copas de cóctel heladas. Está muy indicado para después de la cena, por su elevado contenido alcohólico.

Daiquiri

 aperitivo
grandes ocasiones y fiestas

3/4 de ron blanco
1/4 de zumo de limón
3 gotas de jarabe de azúcar

Prepare en la coctelera los ingredientes con unos cubitos de hielo. Si desea servirlo como refresco veraniego puede diluirlo con agua mineral, con o sin gas. Sirva en flautas.

Derby

 refrescante
grandes ocasiones y fiestas

50 ml de ginebra seca
2 gotas de bitter de melocotón
2 ramitas de menta fresca

Cóctel muy refrescante que se prepara en la coctelera con unos cubitos de hielo, agitando de arriba abajo durante unos segundos.

Se sirve en copas de cóctel ya frías o en vasos medianos y se decora con menta fresca.

Diki Diki

 digestivo
grandes ocasiones y fiestas

2/3 de calvados
1/6 de ponche sueco
1/6 de zumo de pomelo

Vierta los ingredientes en la coctelera con abundante hielo en cubitos. Agite durante unos minutos y sirva en copas de cóctel bien heladas.

Duchess

 aperitivo
grandes ocasiones y fiestas

1/3 de vermú rojo
1/3 de vermú seco
1/3 de ajenjo, Pernod o anís

Para preparar este aperitivo se puede sustituir el ajenjo por Pernod o anís, y siempre se obtiene un agradable resultado.

Vierta todos los ingredientes en el mezclador con unos cubitos de hielo, y remueva enérgicamente con la cucharilla de bar. Sirva en copas de cóctel bien heladas.

East India

 relajante

3/4 de brandy
1/8 de curaçao
1/8 de zumo de naranja

Agite los ingredientes en la coctelera con unos pocos cubitos de hielo.
  Este cóctel se sirve en copas de cóctel doble y se decora con una cereza al marrasquino.

Gibson

 aperitivo
grandes ocasiones y fiestas

5/6 de ginebra seca
1/6 de vermú seco

Vierta el vermú y la ginebra en el vaso mezclador y añada algunos cubitos de hielo.
  Mezcle bien con la cucharilla de mango largo y sirva en copas de cóctel previamente enfriadas. Adorne las copas con cebollitas dulces.

Gin and it

 aperitivo
grandes ocasiones y fiestas

1/2 de ginebra seca
1/2 de vermú rojo

Prepare este cóctel directamente en copas de cóctel heladas.
  Vierta los ingredientes y agite con delicadeza.

Grand Slam

 relajante

1/2 de ponche sueco
1/4 de vermú rojo
1/4 de vermú seco

Vierta ponche y vermú en la coctelera con unos cubitos de hielo. Agite de arriba abajo y sirva en copas de cóctel previamente enfriadas.

Grasshopper

 energético y euforizante

1/3 de crema de menta verde
1/3 de crema de cacao blanca
1/3 de nata

Agite los ingredientes en la coctelera con unos cubitos de hielo; sirva en copas de cóctel doble. Este cóctel es muy alimenticio.

Manhattan

 aperitivo
grandes ocasiones y fiestas

2/3 de whisky canadiense
1/3 de vermú rojo
1 gota de angostura

Este cóctel está entre los más famosos del mundo por su original composición. Vierta los ingredientes en el mezclador con unos cubitos de hielo y mezcle. Sirva en copas de cóctel bien heladas y adornadas con cerezas al marrasquino.

Martini dry

 aperitivo
grandes ocasiones y fiestas

3/4 de ginebra seca
1/4 de vermú seco
1 rizo de corteza de limón

Agite enérgicamente en el mezclador con la apropiada cucharilla de bar. Viértalo en las copas de cóctel y adorne con un rizo de corteza de limón.

Martini sweet

 aperitivo
grandes ocasiones y fiestas

2/3 de ginebra seca
1/3 de vermú rojo

Ponga la ginebra y el vermú en el vaso mezclador con unos cubitos de hielo. Mezcle suavemente con la cucharilla de bar y sirva en copas de cóctel ya frías.

Mary Pickford

 refrescante
grandes ocasiones y fiestas

1/2 de ron blanco
1/2 de zumo de piña
1 cucharada sopera de granadina
6 gotas de marrasquino Luxardo

Este cóctel tomó el nombre de una famosa actriz americana de la primera guerra mundial que era conocida como «la novia de América». Vierta todos los ingredientes en la coctelera, añada unos cubitos de hielo y agite enérgicamente. Sirva en flautas.

Mikado

 digestivo
grandes ocasiones y fiestas

40 ml brandy
2 gotas de angostura
2 gotas de crema de noyó
2 gotas de horchata
2 gotas de curaçao

Agite en la coctelera los ingredientes con unos cubitos de hielo. Viértalo en copas de cóctel heladas.

Monkey gland

 refrescante

3/5 de ginebra seca
2/5 de zumo de naranja
2 gotas de granadina
2 gotas de ajenjo, Pernod o anís

En la coctelera, con algunos cubitos de hielo, se vierten los ingredientes. Agite todo enérgicamente y sirva en las copas de cóctel ya frías. Se puede sustituir el ajenjo con Pernod o anís.

Negroni

 aperitivo
grandes ocasiones y fiestas

1/3 de vermú rojo
1/3 de Bitter Campari
1/3 de ginebra seca
1/2 rodaja de naranja

Este cóctel, muy famoso, ha mantenido invariada su composición con el paso del tiempo.

Hay que prepararlo directamente en el vaso alto. Vierta los ingredientes, añada un cubito de hielo y mezcle con la cucharilla de bar. Adorne con media rodaja de naranja.

Old fashioned

 aperitivo
grandes ocasiones y fiestas

50 ml de bourbon
1 chorrito de soda o seltz
1 terrón de azúcar empapado en 2 gotas de angostura
1/2 rodaja de naranja
1/2 rodaja de limón
2 cerezas al marrasquino

Se usa directamente el *old fashioned*: vierta los ingredientes y añada un cubito de hielo. Mezcle con suavidad y complete con un chorrito de soda o seltz. Adorne con las dos cerezas al marrasquino, media rodajita de limón y media de naranja. Es un excelente aperitivo, pero también una bebida muy indicada para después de la cena.

Old pal

 aperitivo
grandes ocasiones y fiestas

1/3 de rye whisky
1/3 de vermú seco
1/3 de Bitter Campari

Se puede sustituir el rye whisky o whisky de centeno por el canadian whisky. Nos serviremos del mezclador y mezclaremos todos los ingredientes con la cucharilla mezcladora, o bien usaremos directamente el tumbler.

Orange blossom

 refrescante
grandes ocasiones y fiestas

1/2 de ginebra seca
1/2 de zumo de naranja

Ponga en la coctelera unos cubitos de hielo, añada los ingredientes y agite vigorosamente durante unos segundos. Sirva en copas de cóctel ya frías.

Oriental

 relajante

2/4 de rye whisky
1/4 de vermú rojo
1/4 de curaçao blanco
2 cucharadas soperas de zumo de limón

Vierta los ingredientes en la coctelera con unos cubitos de hielo. Agite enérgicamente y sirva en tumbler.

Este es un cóctel ideal para cualquier momento del día.

Paradise

 refrescante
grandes ocasiones

2/4 de ginebra seca
1/4 de brandy de albaricoque
1/4 de zumo de naranja

Prepare esta bebida refrescante o de postre en la coctelera con algunos cubitos de hielo.

Agite enérgicamente durante unos instantes y sirva en las copas de cóctel doble o de vino heladas.

Parisian

 digestivo
grandes ocasiones y fiestas

2/5 de ginebra seca
2/5 de vermú seco
1/5 de crema de grosella

En el mezclador, con unos cubitos de hielo, se añaden los ingredientes y se mezclan delicadamente con la cucharilla mezcladora.
Se sirve en copas de cóctel doble o de vino.

Planters

 refrescante
grandes ocasiones y fiestas

1/2 de ron de Jamaica
1/2 de zumo de naranja
5 gotas de limón

Prepárelo en la coctelera con unos cubitos de hielo y sírvalo en copas de cóctel previamente enfriadas.

Princeton

 digestivo
grandes ocasiones y fiestas

2/3 de ginebra seca
1/3 de oporto rojo
2 gotas de bitter de naranja
1 cáscara de limón

Para la preparación se utiliza el mezclador: añada a los ingredientes el hielo en cubitos y mezcle delicadamente durante unos instantes con la cucharilla mezcladora.

Vierta en copas de cóctel o en vasos largos, reteniendo el hielo mediante el colador.
Complete con un chorrito del zumo de la cáscara de limón.

Rob Roy

 relajante

1/2 de whisky escocés
1/2 de vermú clásico
1 gota de angostura bitter

Vierta los ingredientes en el mezclador con unos cubitos de hielo. Mezcle durante unos instantes y sirva en copas de cóctel adornadas con una cereza al marrasquino.

Rose

 relajante

2/3 de vermú seco
1/3 de kirsch
1 gota de jarabe de fresa

En el mezclador se unen los ingredientes y algunos cubitos de hielo y se mezcla con la cucharilla de bar. Se sirve en copas de cóctel heladas.

Sidecar

 refrescante
grandes ocasiones y fiestas

2/4 de brandy
1/4 de Cointreau
1/4 de zumo de limón

Para su preparación hay que usar la coctelera. Se agitan los ingredientes junto con unos cubitos de hielo y se sirve en copas de cóctel o de vino previamente enfriadas.

Stinger

  digestivo
grandes ocasiones y fiestas

2/3 de brandy
1/3 de crema de menta blanca

En la coctelera se vierten los ingredientes con unos cubitos de hielo. Se agita unos instantes y se sirve en copas de cóctel previamente enfriadas.

White lady

  aperitivo digestivo
grandes ocasiones y fiestas

2/4 de ginebra seca
1/4 de Cointreau
1/4 de zumo de limón

Vierta los ingredientes en la coctelera con unos cubitos de hielo y agite enérgicamente durante unos instantes. Sirva en las copas de cóctel.

Za-za

 aperitivo
grandes ocasiones y fiestas

1/2 de Dubonnet
1/2 de ginebra seca
1 gota de angostura
bitter

Este cóctel es un óptimo aperitivo de origen francés. Se prepara en el mezclador, añadiendo algunos cubitos de hielo. Se sirve en copas de cóctel previamente enfriadas.

Los campeones del mundo

Los veinticinco cócteles que describo a continuación son los vencedores de los concursos mundiales de 1955 a 1984.

Todos ellos, que figuran en el código oficial del IBA tras su última actualización, ocupan un lugar de honor junto a los nuevos setenta y tres mundiales codificados para ser difundidos y respetados en su composición por todos los profesionales del mundo.

La inserción oficial también de los vencedores de los concursos (en este caso cada receta va seguida por el nombre del autor, su nacionalidad, el año y el lugar del concurso mundial) constituye, sin duda, un estímulo, según las intenciones del IBA para la creación y la búsqueda de nuevos cócteles para las próximas competiciones.

Alleluia

 grandes ocasiones y fiestas

4/10 de tequila Mariachi Seagram of Mexico
2/10 de marrasquino Bols
2/10 de curaçao blu Bols
2/10 de zumo de limón
gotas de clara de huevo
bitter lemon Schweppes

Vierta todos los ingredientes en la coctelera y agite añadiendo algunos cubitos de hielo. Sirva la mezcla en un vaso alto y termine de llenarlo con el bitter lemon Schweppes.

Adorne con una hojita de menta fresca y dos cerezas.

Receta de Antonio Teixeira De Jesu (Portugal)
  Long drink - Opatjia (Yugoslavia) 1979

Amba

 relajante

4/10 de whisky escocés Old Smuggler
3/10 de ron Palo añejo estelar Pampero
2/10 de vermú Cinzano rojo
1/10 de apricot Cointreau

Prepare este cóctel en el mezclador con unos cubitos de hielo. Mezcle y sirva en copas de cóctel, previamente enfriadas. Decore con una cereza al marrasquino y un rizo de limón.

Receta de G. R. Echenique (Argentina)
  Buenos Aires (Argentina) 1965

Blue moon

 refrescante
grandes ocasiones y fiestas

2/5 de ginebra
1/5 de curaçao blu Bols
1/5 de Cointreau
1/5 de zumo de naranja
bitter lemon Schweppes

Prepare los ingredientes en la coctelera con unos cubitos de hielo. Agite, sirva en el vaso alto y complételo con bitter lemon Schweppes.
Adorne con una cereza verde y un pedacito de piña.

Receta de Jonny Johston (Irlanda)
Long drink - Albufeira (Portugal) 1982

Cardicas

 relajante

1/2 de Bacardí
1/4 de Cointreau
1/4 de Porto Hvid

Prepare la bebida vertiendo los ingredientes en la coctelera con algunos cubitos de hielo. Agite unos instantes y sirva en copas de cóctel previamente enfriadas.

Receta de Jari Ahvenainen (Finlandia)
Londres (Gran Bretaña) 1956

Carin

 aperitivo
grandes ocasiones y fiestas

1/2 de ginebra Gordon's
1/4 de Dubonnet
1/4 de mandarinetto Napoleón

Prepare los ingredientes en la coctelera con el hielo en cubitos. Agite y sirva en copas de cóctel, previamente enfriadas, con unos golpes de corteza de limón.

Receta de George de Kuypers (Bélgica)
Bruselas (Bélgica) 1958

Champion

 grandes ocasiones y fiestas

3/10 de vermú Cinzano dry
3/10 de whisky escocés White Label
2/10 de Bénédictine
2/10 de curaçao blanco Bols

Agite unos instantes todos los ingredientes en la coctelera con cubitos de hielo. Sirva en copas de cóctel heladas.

Receta de Hans Dürr (Suiza)
Hamburgo (Alemania) 1962

Conca d'oro

 aperitivo
grades ocasiones y fiestas

5/8 de ginebra seca
1/8 de jerez brandy
1/8 de triple sec
1/8 de marrasquino

Prepare en la coctelera los ingredientes, añada algunos cubitos de hielo, agite y sirva en copas de cóctel muy frías. Complete con unas gotas de zumo de cáscara de naranja.

Receta de Giuseppe Neri (Italia)
Amsterdam (Holanda) 1955

Elisa

 grandes ocasiones y fiestas

1/2 de ron Havana Club
1/8 de Amaro Averna
1/8 de brandy de albaricoque SIS
1/8 de vermú clásico
1/8 de espumoso Gancia brut

Vierta en el mezclador los ingredientes con cubitos de hielo, agite y sirva en flautas; salpique con algunas gotas de zumo de cáscara de naranja y adorne con una cereza.

Receta de Aldo Ferrier (Italia)
After-Diner - Saint Vicent (Italia) 1978

Festrus

 digestivo
grandes ocasiones y fiestas

1/3 de vodka Smirnoff
1/3 de Grand Marnier
1/3 de bitter Cinzano

Vierta los ingredientes en el mezclador con cubitos de hielo, agite y sirva en copas de cóctel previamente enfriadas; complete salpicando con algunas gotas de zumo de cáscara de naranja.

Receta de Bjarne Eriksen (Noruega)
Los Ángeles (California) 1973

Gloria

 aperitivo
grandes ocasiones y fiestas

1/4 de Bitter Campari
1/4 de Royal Scotch
1/4 de whisky Old Crown
1/8 de vermú Carpano blanco especial
1/8 de Amaretto di Saronno

Agite los ingredientes en la coctelera con algunos cubitos de hielo.
Sirva en copas de cóctel previamente enfriadas y adorne con corteza de limón y una cereza.

Receta de Giorgio Guida (Italia)
Pre-Dinner - Saint Vincent (Italia) 1976

Green hope

 energético y euforizante
grandes ocasiones y fiestas

1/2 de vodka Cossac
1/4 de curaçao verde Bols
1/8 de crema de plátano Bols
1/8 de zumo de piña y de limón

Agite en la coctelera los ingredientes con cubitos de hielo y sirva en copas de cóctel previamente enfriadas, adornando la preparación con una cereza roja y una verde.

Receta de Sven Aage Joansbraten (Noruega)
Opatija (Yugoslavia) 1979

Inés

 aperitivo
grandes ocasiones y fiestas

3/10 de Martini seco
3/10 de Martini rosado
3/10 de ginebra Gordon's
1/10 de Amaretto di Saronno

Prepare en la coctelera los ingredientes junto con unos cubitos de hielo. Agite y sirva en copas de cóctel previamente enfriadas. Adorne con una aceituna.

Receta de Alain Nerves (Francia)
   Pre-Dinner - Albufeira (Portugal) 1982

Izcaragua

  relajante

1/4 de whisky escocés Buchanan
1/4 de vermú Cinzano seco
1/4 de Amaretto di Saronno
1/4 de crema de plátano Bols

Vierta en el mezclador los ingredientes y añada algunos cubitos de hielo.
   Agite y sirva en copas de cóctel heladas; decore con una espiral de cáscara de limón.

Receta de Paolo Tommaso Monaco (Venezuela)
   Hamburgo (Alemania) 1984

Lady killer

 refrescante
grandes ocasiones y fiestas

2/10 de ginebra Burnett
1/10 de Cointreau
1/10 de brandy de albaricoque
3/10 de zumo de fruta de la pasión
3/10 de zumo de piña

Prepare este cóctel directamente en vasos altos con cubitos de hielo. Mezcle y adorne con una espiral de cáscara de limón.

Receta de Peter Roth (Suiza)
   Hamburgo (Alemania) 1984

Lena

  relajante

5/10 de bourbon Old Gran Dad
2/10 de vermú Martini rojo
1/10 de vermú Gancia seco
1/10 de Bitter Campari
1/10 de Liquore Galliano

Vierta los ingredientes en la coctelera y agítelos junto con algunos cubitos de hielo. Sirva en copas de cóctel bien frías y decore con una cereza al marrasquino.

Receta de Alberto Chirici (Italia)
   Tokyo (Japón) 1971

Mallorca

  energético y euforizante
grandes ocasiones y fiestas

3/6 de ron estelar Pampero
1/6 de vermú Cinzano seco
1/6 de Drambuie
1/6 de crema de plátano Bols

Vierta todos los ingredientes en la coctelera con cubitos de hielo. Agite durante unos instantes y sirva en copas de cóctel previamente enfriadas.

Receta de Enrique Bastante (España)
   Palma de Mallorca (España) 1967

Mar de la Plata

  aperitivo
grandes ocasiones y fiestas

4/8 de ginebra Hiram Walker
3/8 de vermú Martini seco

1/8 de Bénédictine
unas gotas de Grand Marnier

Vierta los ingredientes en la coctelera con cubitos de hielo, agite bien y sirva en copas de cóctel bien frías. Complete con un golpe de zumo de corteza de limón.

Receta de Enzo Antonetti (Argentina)
  Edimburgo (Gran Bretaña) 1964

Moonlight

 energético y euforizante
grandes ocasiones y fiestas

4/10 de café caliente
2/10 de nata
2/10 de Mandarine Imperial
1/10 de coñac
1/10 de jarabe de goma

Prepare los ingredientes en la coctelera con el hielo en cubitos, agite y sirva en copas de cóctel muy frías; adorne con una espiral de cáscara de naranja y complete con unas gotas de zumo de cáscara de mandarina.

Receta de Daniel Pion (Francia)
  Albufeira (Portugal) 1982

Petite fleur

 relajante

1/4 de Cointreau
1/2 de Bacardí
1/4 de zumo de piña

Prepare los ingredientes en la coctelera con algunos cubitos de hielo, agite y sirva en copas de cóctel previamente enfriadas.

Receta de D. Waidmann (Alemania)
  Compenhague (Dinamarca) 1959

Ramcooler

 digestivo
grandes ocasiones y fiestas

1/2 de zumo de limón
1/4 de Bacardí blanco
1/4 de Licuore Galliano

Vierta los ingredientes con el hielo picado en la coctelera, agite y sirva en copas de cóctel bien enfriadas, completando con una cereza.

Receta de Fred Falkenberger (Canadá)
  Saint Vincent (Italia) 1976

Rheingold

 aperitivo
grandes ocasiones y fiestas

5/10 de ginebra Gordon's
3/10 de Cointreau
1/10 de vermú Martini seco
1/10 de Bitter Campari

Vierta los ingredientes en el mezclador con unos cubitos de hielo, agite y sirva en copas de cóctel bien frías. Complete con un golpe de zumo de cáscara de naranja.

Receta de Rocco di Franco (Italia)
  Hamburgo (Alemania) 1984

Roberta

 relajante

1/2 de vodka Smirnoff
1/2 de vermú Brand Heering
2 gotas de Bitter Campari
2 gotas de crema de plátano Bols

Prepare los ingredientes en el mezclador con cubitos de hielo, agite y sirva en copas de cóctel heladas, completando con un golpe de zumo de cáscara de naranja.

Receta de Pietro Cuccoli (Italia)
   Saint Vincent (Italia) 1963

Sunny dream

 energético y euforizante
grandes ocasiones y fiestas

8/14 de helado Silverwood
3/14 de brandy de albaricoque
2/14 de zumo de naranja
1/14 de Cointreau

Bata los ingredientes con cubitos de hielo y sirva en copas de cóctel muy frías.

Receta de Mark Wood (Canadá)
   Opatija (Yugoslavia) 1979

Sweet memories

 relajante

1/3 de vermú Noily Prat dry
1/3 de Bacardí
1/3 de curaçao orange Cusenier

Prepare los ingredientes en la coctelera, añada algunos cubitos de hielo y agite brevemente.
   Sirva en copas de cóctel muy frías.

Receta de Egil Moum (Noruega)
   Oslo (Noruega) 1961

Tuttosi

 relajante

4/10 de whisky Canadian Club
2/10 de Royal Stock
2/10 de vermú Martini rojo
1/10 de Liquore Galliano
1/10 de Mandarinetto Isola Bella

Vierta en el mezclador los ingredientes con algunos cubitos de hielo, mezcle y sirva en copas de cóctel previamente enfriadas.
   Complete con un golpe de zumo de cáscara de naranja.

Receta de Elio Cattaneo (Italia)
   Saint Vincent (Italia) 1969

Los nuevos «mundiales»

No hace mucho que el decálogo de los barmans ha sido revisado y corregido por una comisión internacional, formada por el italiano Luigi Parenti, el americano Charles J. Chop, el australiano Alex Beaumont, el portugués Poejo Mendes y el coordinador francés Alain Ghandour.

Algunas recetas que poco a poco habían caído en desuso han sido eliminadas, otras han adquirido, con pleno derecho, carácter oficial.

El resultado de esta laboriosa indagación y elección son los setenta y tres nuevos mundiales que serán expuestos en este volumen, tal como han sido presentados y reconocidos por la directiva del IBA.

Entre las innovaciones aportadas son dignas de mención: la medida de las proporciones expresada, en casi todos los casos, en décimas, el uso de la batidora *(blender)* para la realización de algunas recetas y la introducción de algunas recetas sin alcohol.

Es necesario destacar que se ha difundido mucho el consumo de cócteles alargados con hielo y soda; de esta forma se reduce la graduación alcohólica de las bebidas.

Alexander

 energético
grandes ocasiones y fiestas

1/3 de nata
1/3 de crema de cacao
1/3 de brandy

Prepare los ingredientes en la coctelera con cubitos de hielo, agite y sirva en copas de cóctel doble.

Americano

 relajante

5/10 de vermú clásico
5/10 de Bitter Campari

Prepare este cóctel en vaso largo con unos cubitos de hielo; añada soda, media rodaja de naranja y una corteza de limón.

Apotheke

 aperitivo

4/10 de coñac
3/10 de crema de menta verde
3/10 de Fernet Branca

Vierta los ingredientes en el mezclador con algunos cubitos de hielo, mezcle y sirva en copas de cóctel previamente enfriadas en el congelador.

B & B *(B & B cocktail)*

 relajante

5/10 de Bénédictine
5/10 de coñac

Prepare este cóctel vertiendo simplemente los dos licores en unas copas de vino especiales, bien frías.

Bacardi

 grandes ocasiones y fiestas

6/10 de Bacardi blanco
3/10 de zumo de limón
1/10 de zumo de granadina

Para preparar este cóctel emplee la coctelera. Añada a los ingredientes unos cubitos de hielo, agite y sirva en copas de cóctel muy frías.

Banana bliss

 energético y euforizante
grandes ocasiones y fiestas

5/10 de coñac
5/10 de crema de plátano

Puede preparar este cóctel en el mezclador o directamente en el *old fashioned*. A los ingredientes indicados añada cubitos de hielo, mezcle y sirva.

Banana daiquiri

 energético y euforizante
grandes ocasiones y fiestas

6/10 ron blanco
3/10 de crema de plátano
1/10 de zumo de limón
1/2 plátano

Bata a gran velocidad los ingredientes, añadiendo también hielo picado. Sirva el cóctel así obtenido en copas de vino. Decore con rodajitas de plátano y sirva con pajitas cortas.

Bellini

 aperitivo
grandes ocasiones y fiestas

400 ml de zumo de melocotón blanco
cava brut

Prepare este cóctel directamente en la flautas. Vierta primero el melocotón centrifugado y termine de llenar con cava brut helado.

Black russian

 grandes ocasiones y fiestas

7/10 de vodka
3/10 de licor de café

Vierta directamente los dos ingredientes en el *old fasioned* previamente enfriado y añada cubitos de hielo al gusto.

Bloody Mary

 grandes ocasiones y fiestas

6/10 de zumo de tomate
3/10 de vodka

1/10 de zumo de limón
2 gotas de salsa Worcestershire
1 gota de tabasco

Vierta directamente los ingredientes en el vaso largo con algún cubito de hielo. Sazone con sal, pimienta y sal de apio, y mezcle con la cucharilla de bar.

Blue lagoon

 grandes ocasiones y fiestas

6/10 de vodka
3/10 de zumo de limón
1/10 de curaçao azul

Ponga en la coctelera los ingredientes y algunos cubitos de hielo. Tras haber agitado enérgicamente unos segundos, se sirve en copas de cóctel heladas. Como decoración facultativa, se apoya en el vaso una espiral de corteza de limón.

Variante n.º 1

 grandes ocasiones y fiestas

8/10 de ginebra
2/10 de curaçao azul

En esta variante vierta directamente los ingredientes en el vaso alto y añada unos cubitos de hielo. Colme el vaso con limonada y decore con media rodajita de naranja y una cereza roja.

Bronx

 grandes ocasiones y fiestas

5/10 de ginebra
2/10 de vermú seco
2/10 de vermú clásico
1/10 de zumo de naranja

Prepare los ingredientes en la coctelera con cubitos de hielo, agite enérgicamente durante unos segundos y sirva en las copas de cóctel bien heladas.

Buck's fizz

 grandes ocasiones y fiestas

6/10 de cava brut helado
4/10 de zumo de naranja

Vierta directamente los ingredientes en flautas previamente enfriadas.

Bull shot

 grandes ocasiones y fiestas

6/10 de vodka
3/10 de caldo de carne o consomé concentrado
1/10 de zumo de limón

Vierta directamente en el vaso largo con algunos cubitos de hielo el zumo del limón, el vodka y el consomé (si no queremos prepararlo, lo encontraremos ya preparado en latas). Sazone con sal, pimienta y sal de apio, y mezcle con la cucharilla de bar.

Cava cóctel

 relajante

2 gotas de angostura bitter
2 gotas de coñac
cava helado
azúcar

En unas flautas que estén bien heladas se pone un cuarto de terrón de azúcar, dos gotas de angostura bitter y dos gotas de coñac.
　Las copas se terminan de llenar con cava helado y se decoran con media rodaja de naranja.

Champagne pick me up

 grandes ocasiones y fiestas

5/10 de coñac
4/10 de zumo de naranja
1/10 de granadina
cava bien helado

Prepare los ingredientes en la coctelera con algunos cubitos de hielo, agite y sirva en flautas; termine de llenarlas con cava helado.

Coffee (iris coffee)

 grandes ocasiones y fiestas

40 ml de whisky irlandés
2 cucharadas soperas de Demerara sugar
1 tacita de café
3 cucharadas de nata

Mezcle el azúcar y el whisky en los vasos de *pousse-café* con el café caliente.
　Añada con delicadeza la nata, dejándola escurrir por el dorso de una cuchara.
　No mezcle y sirva de inmediato.

Collins (Tom Collins)

 grandes ocasiones y fiestas

40 ml de ginebra
1 cucharadita de azúcar o 1 cucharada sopera de jarabe de caña

Vierta la ginebra en el vaso alto, añada el azúcar o el jarabe de caña, mezcle con delicadeza y decore con una rodaja de limón y una cereza confitada.

Daiquiri

 digestivo
grandes ocasiones y fiestas

6/10 de ron blanco
3/10 de zumo de limón o lima
1/10 de jarabe de azúcar o de caña

Ponga los ingredientes en la coctelera con unos cubitos de hielo, agite enérgicamente durante unos segundos y sirva en copas de cóctel ya enfriadas.

Dry Manhattan

 grandes ocasiones y fiestas

7/10 de whisky
3/10 de dry french vermú
2 gotas de angostura
bitter

Vierta los ingredientes en el mezclador con algunos cubitos de hielo, agite unos segundos con la cuchara mezcladora y sirva en copas de cóctel bien heladas. Decore con una rodaja de limón.

Eggnog

 grandes ocasiones y fiestas

40 ml coñac
1 cucharadita de azúcar o 1 cucharada sopera de jarabe de caña
1 yema de huevo
leche

Ponga en la coctelera todos los ingredientes, salvo la leche, con algunos cubitos de hielo y agite enérgicamente durante unos segundos.
Vierta la bebida en vasos altos y acabe de llenarlos con leche. Complete con nuez moscada rallada.

Fizzes

 grandes ocasiones y fiestas

40 ml de ginebra
1 cucharadita de azúcar o una cucharada sopera de jarabe de caña
zumo de limón
soda

Prepare todos los ingredientes en la coctelera con algunos cubitos de hielo, agite y sirva en un vaso alto, evitando que caiga el hielo. Complete con soda muy fría.

Florida

 grandes ocasiones y fiestas

5/10 de zumo de naranja
3/10 de zumo de limón
2/10 de granadina

Prepare este cóctel sin alcohol en la coctelera, agitando los ingredientes con algunos cubitos de hielo. Sirva en un vaso alto y adórnelo con fruta del tiempo.

French connection

 grandes ocasiones y fiestas

5/10 de amaretto
5/10 de brandy

Vierta directamente los ingredientes en el *old fashioned* con unos cubitos de hielo.

Frozen daiquiri

 grandes ocasiones y fiestas

6/10 de ron blanco
3/10 de zumo de limón
1/10 de jarabe de caña

Vierta en la batidora los ingredientes y bata a alta velocidad tras añadir el hielo en escamas. Sírvalo en *olf fashioned* sin filtrarlo y adórnelo con cañas cortas.

Garibaldi

 grandes ocasiones y fiestas

7/10 de zumo de naranja
3/10 de Bitter Campari

Vierta directamente en el vaso alto los ingredientes con algunos cubitos de hielo. Puede decorarlo con media rodaja de naranja.

Gibson

 grandes ocasiones y fiestas

8/10 de ginebra
2/10 de vermú seco

Prepare este cóctel en el mezclador uniendo a los ingredientes unos cubitos de hielo.
Mezcle y vierta el resultado en copas de cóctel muy frías (manténgalas una hora en el congelador antes de servirlas). Decore con una cebollita dulce.

Gimlet

 digestivo
grandes ocasiones y fiestas

7/10 de ginebra o vodka
3/10 de lime juice cordial

Vierta los ingredientes en la coctelera con cubitos de hielo, agite y sirva en copas de cóctel bien enfriadas previamente.

Gin and french

 aperitivo
grandes ocasiones y fiestas

6/10 de ginebra
4/10 de dry french vermú

Mezcle en el mezclador los ingredientes con cubitos de hielo y sirva en copas de cóctel previamente enfriadas.
Decore el preparado con una espiral de cáscara de limón apoyada en el borde de cada copa.

Gin and it

 aperitivo
grandes ocasiones y fiestas

7/10 de ginebra
3/10 de vermú clásico

Vierta los ingredientes en el mezclador con cubitos de hielo, mezcle con la cucharilla de bar unos segundos y sirva en copas de cóctel previamente enfriadas. Decore con una cereza.

Godfather

 grandes ocasiones y fiestas

7/10 de whisky escocés
3/10 de amaretto

Vierta directamente los ingredientes en los *old fashioned* y añada unos cubitos de hielo.

Godmother

 grandes ocasiones y fiestas

7/10 de vodka
3/10 de amaretto

Prepare este cóctel vertiendo directamente los ingredientes en el *old fashiones* y añada unos cubitos de hielo.

Golden Cadillac

 energético y euforizante
grandes ocasiones y fiestas

5/10 de Liquore Galliano
5/10 de crema de cacao blanca
1 cucharada sopera de nata

Prepare en la coctelera esta bebida uniendo a los ingredientes cubitos de hielo. Agite y sirva en copas de cóctel ya frías.

Golden dream

 grandes ocasiones y fiestas

4/10 de Liquore Galliano
3/10 de Cointreau
3/10 de zumo de naranja
1 cucharadita de nata

Vierta los ingredientes en la coctelera junto con unos cubitos de hielo, agite y sirva en copas de cóctel doble bien frías.

Grasshopper

 grandes ocasiones y fiestas

7/10 de crema de menta verde
3/10 de crema de cacao blanca
1 cucharadita de nata

Vierta los ingredientes en la coctelera con unos cubitos de hielo y agite. Sirva en copas de cóctel doble muy frías.

Harvey Wallbanger

 grandes ocasiones y fiestas

6/10 de zumo de naranja
4/10 de vodka
2 cucharadas soperas de Liquore galliano

Vierta el zumo de naranja y el vodka en el vaso alto y añada algún cubito de hielo.

Complete la preparación vertiendo delicadamente en la superficie el Liquore Galliano.

Horse's Neck

 grandes ocasiones y fiestas

40 ml de brandy
1 gota de angostura bitter (facultativo)
ginger ale

Ponga en el vaso alto la corteza de un limón cortada en espiral y añada unos cubitos de hielo.

Sobre estos ingredientes vierta el brandy y la angostura bitter; termine de llenar con ginger ale.

King Alfonso

 grandes ocasiones y fiestas

40 ml de licor de café
nata montada

Vierta el licor de café en el *old fashioned* con algunos cubitos de hielo y termine de llenarlo con la nata montada. No lo agite y sirva de inmediato.

Kir

 relajante

20 ml de crema de grosella
vino blanco Bourgogne Aligoté

Vierta en flautas la crema de grosella y termine de llenar la copa con el vino blanco helado.

Kir imperial

 grandes ocasiones y fiestas

20 ml de crema de grosella Blackcurrant
cava

Vierta en flautas la crema de grosella y termine de llenar las copas con cava helado.

Mai Tai

 refrescante
grandes ocasiones y fiestas

2/10 de ron oscuro
2/10 de ron blanco
2/10 de orange curaçao
2/10 de zumo de lima
1/10 de jarabe de horchata
1/10 de granadina

Vierta todos los ingredientes en un vaso alto y añada unos cubitos de hielo. Decore por último con una rodajita de piña, dos cerezas y una ramita de menta.

Manhattan

 grandes ocasiones y fiestas

7/10 de rye whisky
3/10 de vermú clásico
2 gotas de angostura bitter

Vierta los ingredientes en el mezclador con algunos cubitos de hielo. Remueva con la cucharilla y sirva en copas de cóctel heladas, decorando con una cereza.

Margarita

 digestivo
grandes ocasiones y fiestas

6/10 de tequila
3/10 de Cointreau
1/10 de zumo de limón o lima

Prepare esta bebida añadiendo a los ingredientes cubitos de hielo. Agite enérgicamente de arriba abajo durante unos segundos y sirva en copas de cóctel muy frías, con el borde ligeramente espolvoreado con sal.

Martini dry

 grandes ocasiones y fiestas

8/10 de ginebra
2/10 de vermú seco

Vierta los ingredientes en el mezclador con algunos cubitos de hielo. Agite suavemente con la cuchara mezcladora y sirva en copas de cóctel bien heladas; decore a su gusto con una rodajita de limón o una aceituna.

Medium or perfect Manhattan

 grandes ocasiones y fiestas

4/10 de rye whisky
3/10 de dry french vermú
3/10 de vermú clásico
2 gotas de angostura bitter

Vierta los ingredientes en el mezclador con cubitos de hielo. Mezcle unos segundos, sirva en copas de cóctel heladas y decore con una rodajita de limón o una cereza.

Medium or perfect Martini

 grandes ocasiones y fiestas

4/10 de ginebra
3/10 de vermú seco
3/10 de vermú clásico

Vierta los ingredientes en el mezclador con algunos cubitos de hielo y mezcle con la cucharilla de bar. Sirva en copas de cóctel heladas y decore con una espiral de cáscara de limón o una cereza.

Negroni

 grandes ocasiones y fiestas

4/10 de ginebra
3/10 de Bitter Campari
3/10 de vermú clásico

Vierta los ingredientes directamente en el vaso alto y añada unos cubitos de hielo. Decore con una espiral de cáscara de limón y media rodajita de naranja.

Old fashioned

 grandes ocasiones y fiestas

40 ml de bourbon
1 gota de angostura bitter
azúcar
soda

Coloque en las copas *old fashioned* un cuarto de terrón de azúcar embebido en una gota de angostura bitter y añada un chorrito de soda para deshacerlo. Llene los vasos con cubitos de hielo y el bourbón. Decore con media rodajita de naranja, una corteza de limón y dos cerezas.

Paradise

 aperitivo
grandes ocasiones y fiestas

6/10 de ginebra
3/10 de brandy de albaricoque
1/10 de zumo de naranja

Prepare este cóctel en la coctelera añadiendo a los ingredientes cubitos de hielo, agite y sirva en copas de cóctel heladas.

Pimm's n.º 1

 grandes ocasiones y fiestas

400 ml de Pimm's n.º 1
soda, ginger ale o limonada

Los Pimm's son una serie de licores anglosajones, numerados del 1 al 6, con bases distintas (ginebra, whisky, bourbon, brandy, ron, vodka) y elaborados con diversos aromas.
Vierta el Pimm's directamente en el *old fashioned* con algunos cubitos de hielo y complete con soda, mezclando con delicadeza. Decore con media rodajita de naranja, una espiral de corteza de limón, dos cerezas, la piel de un pepinillo (facultativo) y una ramita de menta.

Piña colada

  energético y euforizante
grandes ocasiones y fiestas

5/10 de zumo de piña
3/10 de ron blanco
2/10 de leche de coco

Bata todos los ingredientes a alta velocidad con hielo en escamas y vierta la mezcla sin filtrar en el *old fashioned*.

Decore el vaso con un pedacito de piña y dos cerezas; sírvalo enseguida con una caña corta.

Planter's punch

 energético y euforizante
grandes ocasiones y fiestas

4/10 de ron blanco
2/10 de zumo de piña
2/10 de zumo de limón
1/10 de marrasquino
1/10 de orange curaçao
2 cucharaditas de ron oscuro
soda

Vierta en el vaso alto los ingredientes con algunos cubitos de hielo. Termine de llenar el vaso con soda y decore con una rodajita de limón.

Variante n.º 1

 energético y euforizante
grandes ocasiones y fiestas

6/10 de ron oscuro
3/10 de zumo de limón o lima
1/10 de granadina
1 gota de angostura bitter
soda

Vierta en un vaso alto los ingredientes con unos cubitos de hielo. Termine de llenar el vaso con soda y decore con una rodajita de limón.

Porto flip

 energético y euforizante
grandes ocasiones y fiestas

40 ml de oporto tinto
2 gotas de coñac
1 yema de huevo
1 cucharadita de azúcar o 1 cucharada sopera de jarabe de caña

Ponga en la coctelera los ingredientes, añada cubitos de hielo y agite enérgicamente unos segundos. Sirva en copas de cóctel ya frías y espovoree la nuez moscada.

Prairie oyster

 energético y euforizante
grandes ocasiones y fiestas

1 yema de huevo
1 cucharada de ketchup
1 cucharada sopera de salsa Worcestershire
2 gotas de vinagre
sal, sal de apio y pimienta

Se coloca con delicadeza la yema de huevo en el fondo de una copa de cóctel y, poco a poco, se vierten los demás ingredientes. No se debe mezclar y hay que beberlo de un solo trago.

Pussy foot

  sin alcohol
energético y euforizante
grandes ocasiones y fiestas

7/10 de zumo de naranja
3/10 de zumo de limón
1 yema de huevo
granadina

Prepare en la coctelera todos los ingredientes con cubitos de hielo y sirva en vasos altos bien fríos. Complete con un golpe de granadina.

Rob Roy

 aperitivo
grandes ocasiones y fiestas

8/10 de zumo de naranja
2/10 de vermú clásico
2 gotas angostura bitter

Vierta los ingredientes en el mezclador con unos cubitos de hielo, mezcle y sirva en copas de cóctel frías, decorando con una cereza o una cáscara de limón.

Rose

 grandes ocasiones y fiestas

6/10 de vermú seco
2/10 de kirsch
2/10 de jerez brandy

Ponga los ingredientes en el mezclador con algunos cubitos de hielo, agite ligeramente con la cuchara mezcladora y sirva en copas de cóctel heladas, decorando con una cereza.

Rusty Nail

 aperitivo
grandes ocasiones y fiestas

5/10 de Drambuie
5/10 de whisky escocés

Vierta los ingredientes en los *old fashioned* junto con algún cubito de hielo. Decore con una espiral de cáscara de limón.

Salty dog

 digestivo
grandes ocasiones y fiestas

7/10 de zumo de pomelo
3/10 de vodka

Vierta el vodka y el zumo de pomelo en las copas *old fashioned* y añada algunos cubitos de hielo. Si le agrada, adorne el borde con un poco de sal.

Screw driver

 digestivo
grandes ocasiones y fiestas

6/10 de zumo de naranja
4/10 de vodka

Vierta directamente en el vaso alto el vodka y el zumo de naranja, y añada cubitos de hielo.

Shirley Temple

 energético y euforizante
grandes ocasiones y fiestas

20 ml de granadina
ginger ale o limonada
cáscara de limón

Corte la piel de un limón y póngala en un vaso alto con algunos cubitos de hielo. A continuación vierta los ingredientes.

Sidecar

 digestivo
grandes ocasiones y fiestas

6/10 de coñac
3/10 de Cointreau
1/10 de zumo de limón

Ponga los ingredientes en la coctelera y añada unos cubitos de hielo. Agite unos segundos y sirva en copas de cóctel bien heladas.

Singapur sling

 digestivo
grandes ocasiones y fiestas

4/10 de jerez brandy
4/10 de ginebra
2/10 de zumo de limón
soda

Prepare esta bebida en la coctelera uniendo a los ingredientes algunos cubitos de hielo. Agite veloz y enérgicamente durante unos segundos y sirva en vasos altos; acabe de llenarlos con soda.

Snow ball

 energético y euforizante
grandes ocasiones y fiestas

40 ml de Advocaat
5 gotas de zumo de lima cordial
limonada

Vierta el Advocaat en un vaso alto con cubitos de hielo y termine de llenarlo con la limonada. Decore con media rodajita de naranja y dos cerezas.

Sours

 relajante

7/10 de bourbon
3/10 de zumo de limón
1 cucharadita de azúcar o 1 cucharada sopera de jarabe de caña
1 gota de clara (facultativo)

Vierta los ingredientes en la coctelera con algún cubito de hielo. Después de haberlo agitado enérgicamente unos segundos, sirva en copas de cóctel heladas y decore con una cereza.

Spritzer

 relajante

5/10 de vino blanco
5/10 de soda

Vierta los ingredientes en el vaso alto con algunos cubitos de hielo y complete con un golpe de zumo de cáscara de limón.

Stinger

 refrescante
grandes ocasiones y fiestas

6/10 de ron blanco
3/10 de licor de fresa
1/10 de zumo de limón o de lima
fresas

Bata todos los ingredientes con hielo picado. Viértalos sin filtrar en los *old fa-*

shioned; decore con una fresa fresca y acompañe con una cañita corta.

Strawberry daiquiri

 refrescante
grandes ocasiones y fiestas

5/10 de Martini blanco
5/10 de ginebra

Vierta los ingredientes en el mezclador con algunos cubitos de hielo y mezcle ligeramente con la cucharilla de bar. Sirva en copas de cóctel muy heladas y decoradas con una cereza.

Tequila sunrise

 refrescante
grandes ocasiones y fiestas

7/10 de zumo de naranja
3/10 de tequila
1 golpe de granadina

Vierta los dos primeros ingredientes en el vaso alto con algunos cubitos de hielo. Complete con un golpe del granadina.

Variante n.º 1

 grandes ocasiones y fiestas

4/10 de tequila
2/10 de licor de plátano
2/10 de Liquore Galliano
1/10 de zumo de limón
1/10 de granadina

Prepare todos los ingredientes en la coctelera y añada cubitos de hielo; agite y sirva en copas de cóctel doble heladas o en *old fashioned* con hielo picado. Complete con una pajita.

Tequini

 relajante

8/10 de tequila
2/10 de vermú seco

Vierta los ingredientes en el mezclador con algunos cubitos de hielo. Tras agitar con la cuchara mezcladora, sirva en copas de cóctel muy frías y decore con una espiral de cáscara de limón.

Velvet hammer

 energético y euforizante
grandes ocasiones y fiestas

5/10 de Cointreau
5/10 de licor de café
1 cucharada de nata

Prepare esta bebida en la coctelera uniendo a los ingredientes hielo en cubitos; agite y sirva en copas de cóctel doble, enfriadas previamente en el congelador.

Vodkatini

 aperitivo
grandes ocasiones y fiestas

8/10 de vodka
2/10 de vermú seco

Ponga en el mezclador los ingredientes con cubitos de hielo, mezcle y sirva, tras haber filtrado, en copas de cóctel. Adorne con una espiral de corteza de limón.

White lady

  digestivo
grandes ocasiones y fiestas

5/10 de vodka
5/10 de licor de café
nata

Vierta el licor de café y el vodka en los *old fashioned* y, por el dorso de una cuchara, vierta la nata de forma que permanezca en la superficie.

White spider

 refrescante
grandes ocasiones y fiestas

5/10 de vodka
5/10 de crema de menta blanca

Vierta la crema de menta blanca y el vodka en un *old fashioned* con algunos cubitos de hielo.

Abc cóctel

 digestivo

6/10 de coñac
2/10 de vermú clásico
1/10 de vermú seco
1/10 de cordial Médoc

Vierta en el mezclador los ingredientes y añada algunos cubitos de hielo. Remueva con la cuchara mezcladora y sirva con una corteza de limón.

Acacia

 grandes ocasiones y fiestas

3/4 de ginebra
1/4 de Bénédictine
1 golpe de kirsch

Este cóctel obtuvo la copa de honor en el campeonato de cócteles de Biarritz en 1928. Coloque en la coctelera unos cubitos de hielo y vierta los ingredientes. Agite enérgicamente. Antes de servir en las copas agite de nuevo la coctelera, pero esta vez lentamente.

Achtagram cóctel

 grandes ocasiones y fiestas

2/5 de vermú seco
2/5 de arak de Batavia
1/5 de crema de moka

Vierta los ingredientes en la coctelera y agite. Antes de servir, adorne con una cereza confitada.

Acquavit Alexander

 energético y euforizante

1/3 de aguardiente
1/3 de crema de cacao
1/3 de nata

Agite en la coctelera los ingredientes con hielo y sirva con una cereza confitada.

Adela

 aperitivo

2/5 de vermú Carpano
2/5 de Select
1/10 de quina
1/10 de grappa
2 golpes de bitter de naranja

Vierta en la coctelera los ingredientes con hielo y agite enérgicamente durante unos segundos. Sirva en copas de cóctel.

Adelaida

 energético y euforizante

8/10 de ginebra
1/10 de miel
1/10 de ajenjo
1 gota de angostura

Agite brevemente todos los ingredientes en la coctelera con el hielo en cubitos.

Adua cóctel

 relajante

5/10 de vermú clásico
3/10 de licor Santa Victoria
2/10 de coñac añejo
1 golpe de zumo de limón

Vierta en la coctelera los ingredientes con los cubitos de hielo. Agite y sirva con una cereza confitada.

After dinner al brandy

  digestivo

3/5 de old brandy Cavallino Rosso
1/5 de menta alpina verde
1/5 de ginebra Lassy SIS

Vierta en la coctelera los ingredientes. Agite y sirva en copas de cóctel.

Alexandra

  energético y euforizante

4/10 de ginebra seca
3/10 de nata
3/10 de crema de cacao Chouauo

Vierta en la coctelera la ginebra, la nata y la crema de cacao; añada unos cubitos de hielo y agite bien. Sirva de inmediato.

Alfa Romeo *(Alfa Romeo cocktail)*

  relajante

5/10 de vermú clásico
3/10 de ginebra
2/10 de marrasquino
1 golpe de bitter rojo

Vierta en la coctelera los ingredientes, agite y sirva con una cereza confitada.

Alicante cóctel

  digestivo

8/10 de whisky escocés
1,5/10 de zumo de limón
0,5/10 de granadina
2 gotas de angostura

Vierta todos los ingredientes en la coctelera y añada unos cubitos de hielo. Agite bien y sirva con una cáscara de limón cortada en espiral.

Allen cóctel

  aperitivo

2/3 de ginebra
1/3 de marrasquino
1 cucharada de zumo de limón

Vierta en el mezclador la ginebra y el marrasquino. Añada el hielo picado, agite brevemente y sirva en copas de cóctel ya frías.

Allies cóctel

  aperitivo

4/10 de vermú seco
3/10 de ginebra
3/10 de vermú clásico

Vierta todos los ingredientes en la coctelera, añada unos cubitos de hielo y agite ligeramente. Puede servirlo adornado con una aceituna.

Alma cóctel

 energético y euforizante

5/10 de crema de cacao
2/10 de ron blanco
2/10 de ginebra
1/10 de nata
2 golpes de Grand Marnier

Unir en la coctelera la nata, el ron, la ginebra y la crema de cacao con algunos cubitos de hielo; salpique con el Grand Marnier y agite enérgicamente. Sirva de inmediato.

Angel kiss

 energético y euforizante

1/6 de marrasquino
1/6 de Bénédictine
1/6 de coñac
1/6 de nata
1/6 de Chartreuse amarillo
1/6 de Parfait Amour

Vierta muy despacio los ingredientes en copas de *pousse-café* muy heladas siguiendo el orden indicado, de forma que los licores no se mezclen.
Antes de servir, esparza algunos clavos de olor.

Angel lips

 energético y euforizante

2/3 de Bénédictine
1/3 de nata

Vierta el Bénédictine en las copas de *pousse-café*, previamente enfriadas, recubra con la nata y sirva.

Angel's blush

 energético y euforizante

1/4 de marrasquino
1/4 de crema de Yvette
1/4 de Bénédictine
1/4 de nata

Vierta lentamente y en el orden indicado los ingredientes en las copas de *pousse-café*, de forma que no se mezclen.

Angel's dream

 energético y euforizante

1/3 de marrasquino
1/3 de crema de yvette
1/3 de coñac

Vierta en copas de *pousse-café* los ingredientes, lentamente y en el orden establecido, de forma que no se mezclen.

Angelic cóctel

 energético y euforizante

1/2 de canadian whisky
1/6 de granadina
1/6 de crema de cacao
1/6 de nata

Vierta los ingredientes en la coctelera con cubitos de hielo. Agite y sirva en copas de cóctel.

Angelicana

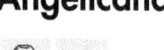 digestivo

3/10 de vermú clásico
3/10 de ginebra
3/10 de crema de cacao Puerto Cabello
1 gota de angostura

Agite los ingredientes en la coctelera y añada unos cubitos de hielo.
Sirva con una cáscara de limón cortada en espiral.

Appetizer cóctel

 digestivo

7/10 de rye whisky
2/10 de zumo de limón
1/10 de jarabe de azúcar
1 gota de angostura

Vierta todos los ingredientes en la coctelera y añada unos cubitos de hielo. Agite enérgicamente y sirva con una corteza de limón.

Apple cóctel

 refrescante

1/3 de brandy destilado de sidra
1/3 de zumo de manzana
1/6 de brandy
1/6 de ginebra

Vierta los ingredientes en el mezclador con hielo picado, mezcle enérgicamente con la cucharilla de bar y vierta en copas de cava muy heladas usando el colador.

Apricot cóctel

 aperitivo

2/3 de brandy de albaricoque
el zumo de 1/2 limón
el zumo de 1/2 naranja
1 cucharadita de jarabe de azúcar

Ponga en la coctelera los ingredientes y unos cubitos de hielo, agite brevemente y sirva en copas de cóctel.

Apricot fizz

 refrescante

3/4 de brandy de albaricoque
el zumo de 1/2 limón
el zumo de 1/2 naranja
1 cucharada de jarabe de azúcar

Vierta los ingredientes en la coctelera con hielo picado, agite unos minutos y sirva en vasos grandes.

Aragón cóctel

 digestivo

1/4 de coñac añejo
1/4 de Cointreau
4/10 de vermú seco
1/10 de zumo de naranja
2 gotas de angostura

Vierta los ingredientes en la coctelera y añada unos cubitos de hielo. Agite enérgicamente y sirva con una corteza de limón.

Argentina cóctel

 aperitivo
grandes ocasiones y fiestas

2/5 de ginebra
2/5 de vermú seco
2/10 de zumo de mandarina
2 gotas de Cointreau
1 golpe de bitter de naranja
1 gota de angostura

Primer premio en el campeonato de cócteles «Amateurs» celebrado en el Claridge de París, el 1 de diciembre de 1928.
Vierta en la coctelera los ingredientes y añada unos cubitos de hielo; agite brevemente y sirva con cáscara de mandarina.

Arlequín

 energético y euforizante

3/10 de ginebra
3/10 de agua de cedro
2/10 de vermú clásico
2/10 de crema de plátano

Una en la coctelera los cubitos de hielo y todos los ingredientes. Agite bien y sirva decorando las copas con una rodajita de plátano.

Astor cóctel

 aperitivo

3/4 de ginebra
1 cucharada de zumo de naranja
1 cucharada de zumo de limón

Una en el mezclador los ingredientes al hielo picado, mezcle y sirva en copas de cóctel previamente enfriadas.

Atlántico

 digestivo

1/3 de ginebra
1/3 de vermú seco
1/3 de calvados
4 golpes de jerez brandy
4 golpes de ajenjo

Vierta los ingredientes en la coctelera, añada unos cubitos de hielo y agite. Adorne las copas de cóctel con una corteza de limón y sirva.

Atta bot

 aperitivo

2/3 de ginebra
1/3 de vermú seco
4 gotas de granadina

Una en el mezclador todos los ingredientes con unos cubitos de hielo, mezcle bien y sirva en copas de cóctel con una aceituna y un golpe de zumo de cáscara de limón.

Audrey

 digestivo

1/3 de whisky escocés King's Ransom
1/3 de vermú clásico
1/3 de Liquore Santa Vittoria

Vierta en la coctelera los ingredientes, agite y sirva en copas de cóctel.

Austerlitz cóctel

 refrescante

5/10 de zumo de naranja
4/10 de arak de Batavia
1/10 de jarabe de azúcar
2 golpes de bitter de naranja

Vierta los ingredientes en la coctelera con cubitos de hielo. Agite bien y sirva. Adorne con una cáscara de naranja.

Automóvil

 aperitivo

4/10 de zarzaparrilla
3/10 de ginebra
2/10 de zumo de limón
1/10 de jarabe de azúcar
1 golpe de menta piperita

Vierta en la coctelera los ingredientes con cubitos de hielo. Agite bien y sirva. Adorne con una cáscara de naranja.

Ayala cóctel

 grandes ocasiones y fiestas

5/10 de cava brut
2/10 de coñac añejo

2/10 de curaçao blanco
1/10 de zumo de limón
1 gota de angostura

Agite en la coctelera el zumo de limón, el curaçao, el coñac y la angostura, añada algunos cubitos de hielo y a continuación sirva en flautas.

Acabe de llenar las copas con cava brut helado.

Badajoz cóctel

 relajante

6/10 de vermú clásico
3/10 de ron de Jamaica
1/10 de jarabe de horchata
1 gota de angostura

Vierta todos los ingredientes en la coctelera con cubitos de hielo, agite bien y sirva con una cereza confitada.

Baltimore cóctel

 relajante

4/10 de vermú clásico
3/10 de ginebra
3/10 de Grand Marnier

Vierta todos los ingredientes en la coctelera con cubitos de hielo.
Agite bien y sirva con una cáscara de naranja.

Bamboo

 aperitivo
grandes ocasiones y fiestas

1/2 de jerez (u otro vino licoroso)
1/2 de vermú seco
1 gota de angostura

Vierta el jerez y el vermú en el mezclador con unos cubitos de hielo, mezcle bien y añada la angostura. Sirva en copas de cóctel adornadas con una aceituna.

Variante n.º 1

  relajante

2/5 de vermú clásico
2/5 de jerez
1/5 de curaçao rojo
4 golpes de bitter de naranja

Vierta los ingredientes en la coctelera con unos cubitos de hielo, agite bien y sirva en copas de vinos especiales con el borde humedecido en jarabe. Adorne con una cáscara de limón.

Bandiera italiana

 grandes ocasiones y fiestas

3 cucharaditas de granadina
1 cucharadita de jerez brandy
1 cucharadita de menta blanca Sacco
3 cucharaditas de Marie Brizard
4 cucharaditas de Chartreuse amarillo
unas gotas de curaçao blu Bols

Vierta en un vaso mezclador la granadina y el jerez brandy; en otro vaso, la menta y el anisete; y en un tercero, el Chartreuse y el curaçao.
   Remueva bien cada una de las tres mezclas con la cucharilla de bar.

Vierta en vasos de *pousse-café* la primera mezcla, haciéndola escurrir lentamente por el dorso de la cucharilla; limpie la cuchara y proceda de igual forma para las otras dos mezclas, de modo que se alternen los colores rojo, blanco y verde.

Bárbara drink

  energético y euforizante

1/3 de vodka
1/3 de crema de cacao
1/3 de nata

Ponga en la coctelera unos cubitos de hielo, añada los ingredientes y agite bien. Sirva en copas de cóctel.

Bee's knees (Bee's kness cocktail)

  refrescante

6/10 de ginebra
2,5/10 de zumo de limón
1,5/10 de miel

Vierta todos los ingredientes en la coctelera y añada hielo picado; agite bien y sirva de inmediato.

Belle aurore

 energético y euforizante

3/10 de coñac añejo
3/10 de ginebra
2/10 de crema blanca de cacao
2/10 de anisete

Vierta en la coctelera todos los ingredientes, añada unos cubitos de hielo y agite enérgicamente. Sirva en copas de cóctel.

Bellerive jubilee

 grandes ocasiones y fiestas

1/3 de vermú clásico
1/3 de vermú seco
1/3 de whisky canadiense
2 golpes de triple sec

Vierta los ingredientes en el mezclador con unos cubitos de hielo, mezcle bien y sirva en copas de cóctel.

Belote cóctel

 aperitivo

1/2 de Pernod
1/4 de calvados
1/4 de granadina

Vierta en la coctelera el Pernod, el calvados y la granadina, añada unos cubitos de hielo, agite con energía y sirva de inmediato.

Bermont gin

 grandes ocasiones y fiestas

2/3 de ginebra
1/3 de granadina
1 cucharadita de nata

Vierta los ingredientes en la coctelera con unos cubitos de hielo y agite vigorosamente; vierta el preparado, a través del colador, en copas de cóctel.

Bermuda cóctel

 grandes ocasiones y fiestas

4/5 de ginebra
1/5 de brandy de albaricoque
2 cucharadas de granadina

Mezcle todos los ingredientes en el mezclador con un poco de hielo picado y vierta el resultado en copas de cóctel previamente enfriadas.

Betty Balfour

 energético y euforizante

5/10 de kirsch
2/5 de Cointreau
1/10 de zumo de naranja

Ponga en la coctelera unos cubitos de hielo; vierta los ingredientes y agite enérgicamente. Sirva de inmediato en una copa globo adornada con una cereza confitada.

Bitter and tonic

 refrescante

7/10 de tónica Schweppes
3/10 de Bitter Campari

Vierta en el vaso alto todos los ingredientes con dos cubitos de hielo, mezcle un momento con la cucharilla de bar y decore con media rodajita de naranja.

Biyon cóctel

 grandes ocasiones y fiestas

5/10 de vermú clásico
2/10 de Chartreuse verde
2/10 de Cointreau
1/10 de granadina

Vierta los ingredientes en la coctelera y añada cubitos de hielo. Agite y sirva decorando con una cáscara de limón.

Black Jack al aguardiente

 digestivo

2/5 de aguardiente
2/5 de café
1/5 de brandy

Vierta los ingredientes en el mezclador y añada hielo picado. Agite y sirva en copas de *pousse-café* previamente enfriadas.

Blackout cóctel

 relajante

4/5 de ginebra
1/5 de brandy de mora

Vierta los ingredientes en la coctelera con hielo picado; agite y sirva en un vaso alto helado.

Blanche fizz

 refrescante

1/2 de triple sec
1/2 de zumo de limón
seltz

Vierta los ingredientes en la coctelera con hielo picado; agite unos minutos, sirva en un vaso grande y termine de llenarlo con seltz.

Blood-hound gin

 refrescante

1/3 de ginebra
1/3 de vermú seco
1/3 de vermú clásico
fresas

Agite vigorosamente en la coctelera los ingredientes con unos cubitos de hielo; sirva en copas *old fashioned* adornadas con fresas.

Blue special

 grandes ocasiones y fiestas

1/2 de coñac
1/2 de jarabe de piña
cava brut

Mezcle el coñac con el zumo de piña y hielo picado en el mezclador, vierta la mezcla en flautas ya frías.

Añada el cava para terminar de llenar la copa.

Boy scout

 grandes ocasiones y fiestas

2/4 de vodka Starka
1/4 de menta alpina verde
1/4 de doble kummel

Agite en la coctelera todos los ingredientes con unos cubitos de hielo y sirva en copas de cóctel.

Brandy champerelle

 relajante

1/2 de coñac
1/2 de zumo de naranja
3 gotas de angostura

Vierta todos los ingredientes directamente en copas de vinos especiales y sirva.

Brandy cobbler

 refrescante

1/4 de brandy
1/2 cucharada de curaçao
1/2 cucharadita de azúcar

Vierta directamente los ingredientes en el *old fashioned*, que estará casi lleno de hielo picado, decore con fruta de la estación y sirva con pajita y cucharilla.

Brandy cóctel

 digestivo

9/10 de coñac de calidad
1/10 de curaçao blanco
1 gota de angostura

Agite en la coctelera todos los ingredientes con unos cubitos de hielo y sirva en copa de cóctel adornada con cáscara de limón.

Brandy sour

 refrescante

5/10 de jarabe de azúcar
3/10 de aguardiente
el zumo de 1 limón

Agite vigorosamente los ingredientes en la coctelera con hielo picado, cuele el resultado en un vaso ancho y antes de servir añada una cereza, un gajito de limón y un chorrito de seltz.

Brandy split

 grandes ocasiones y fiestas

1/2 de whisky King's Ranson
1/2 de brandy añejo
1 cucharada de granadina
el zumo de 1/2 limón

Vierta los ingredientes en la coctelera, agite y sirva en copas de cóctel.

Brandy vermú

 grandes ocasiones y fiestas

1/2 de aguardiente
1/2 de vermú clásico
1 gota de angostura

Vierta los ingredientes en el mezclador, mezcle bien y sirva en copas de cóctel.

Brasil cóctel

 digestivo
contra el frío

5/10 de vermú seco
3/10 de jerez
2/10 de licor de anís o ajenjo

Agite en la coctelera los ingredientes con unos cubitos de hielo y sirva con una corteza de limón.

Brasilian kiss

 energético y euforizante

1/2 de brandy Very Old SIS
1/4 de crema de cacao blanca
1/4 de elixir Moka
nata

Agite en la coctelera los ingredientes, sirva en copas de cóctel y añada una pequeña capa de nata y un pellizco de polvo de café.

Bravo cóctel

 digestivo

7/10 de aguardiente
1 cucharada de jarabe de azúcar
2 gotas de angostura

Vierta en la coctelera los ingredientes con unos cubitos de hielo, agite brevemente y sirva en copas de cóctel adornadas con una cereza y un golpe de zumo de corteza de limón.

Breakfast club

 grandes ocasiones y fiestas

2/3 de ginebra
1/3 de granadina
1 clara de huevo

En la coctelera se unen los ingredientes con unos cubitos de hielo, se agita vigorosamente y se sirve en *old fashions*.

Breakfast eggnog

 energético y euforizante

4/10 de aguardiente
4/10 de curaçao orange
1 huevo
1 cucharadita de jarabe de azúcar
leche

Ponga los ingredientes en la coctelera, añada unos cubitos de hielo y agite brevemente pero con energía; cuele el resultado en un vaso grande y acabe de llenarlo de leche.

Brillat savarin

 energético y euforizante

5/10 de vermú seco
5/10 de crema de kirsch
1 gota de angostura

Ponga en la coctelera los ingredientes con unos cubitos de hielo, agite y sirva adornando con una cáscara de limón.

Broadway smile

 relajante

1/3 de crema de grosella
1/3 de caloric punch
1/3 de Cointreau

Prepare esta bebida directamente en las copas de *pousse-café*, respetando el orden indicado para la adición de los ingredientes de manera que los diferentes licores no lleguen a mezclarse.

Buscaino cóctel

 relajante

5/10 de vermú clásico
5/10 de aguardiente
1 gota de angostura

Vierta todos los ingredientes en la coctelera con algunos cubitos de hielo y agite bien.
Sirva en copa de cóctel adornada con una corteza de limón.

Butterfly flip

 energético y euforizante

1/2 de aguardiente
1/2 de crema de cacao
1 yema de huevo
1 cucharadita de azúcar

Ponga los ingredientes en la coctelera con unos cubitos de hielo, agite bien y sirva en flautas.

Cabanis *(Cabanis cocktail)*

 aperitivo
grandes ocasiones y fiestas

6/10 de whisky
3/10 de aguardiente de anís
1/10 de granadina

Vierta en la coctelera todos los ingredientes, añada unos cubitos de hielo y agite bien.
Sirva en vasos anchos adornados con cáscara de limón.

Cacao flip

 energético y euforizante
grandes ocasiones y fiestas

3/4 de crema de cacao
1/4 de nata
1 yema de huevo

Vierta los ingredientes en la coctelera con unos cubitos de hielo y, tras haberlo agitado vigorosamente, sírvalo en copas de vinos especiales.

Café flip

 energético y euforizante
grandes ocasiones y fiestas

2/3 de oporto
1/3 de aguardiente
1 yema de huevo
2 cucharaditas de jarabe de azúcar

Vierta los ingredientes en la coctelera con unos cubitos de hielo y después de haber agitado vigorosamente sirva en copas de vinos especiales.

Café kirsch

 energético y euforizante

1/3 de coñac
1/3 de kirsch
1/3 de café fuerte

Mezcle los ingredientes en el vaso mezclador con hielo picado y vierta el resultado en copas de cóctel previamente enfriadas.

Cagliostro cóctel

 digestivo

4/10 de ginebra
3/10 de madeira
2/10 de jerez brandy
1/10 de kirsch

Agite en la coctelera los ingredientes con unos cubitos de hielo.
Sirva adornando las copas con una corteza de limón.

Calcuta cóctel

 aperitivo

6/10 de buen coñac
2/10 de curaçao blanco
1/10 de Fitz Roy
1/10 de zumo de naranja

Vierta todos los ingredientes en la coctelera con algunos cubitos de hielo y agite bien.
Sirva con una alcaparra.

Calderón cóctel

 refrescante
grandes ocasiones y fiestas

3/10 de vermú seco
3/10 de ginebra
2/10 de cava brut (método champenois)
2/10 de arak de Batavia

Agite los ingredientes en la coctelera con unos cubitos de hielo. Sirva en flautas, acabe de llenarlas de cava y adorne con una cáscara de naranja.

Caliente cóctel

 energético y euforizante

7/10 de ginebra
1/2 cucharada de zumo de limón
1/2 cucharada de azúcar
1/2 cucharada de nata
1/2 clara de huevo

Mezcle los ingredientes con hielo picado en el mezclador. Vierta en copas de cóctel previamente enfriadas.

Calígula cóctel

 relajante

3/10 de ron de Jamaica
3/10 de vermú clásico
3/10 de arak de Batavia
1/10 de zumo de limón
1 gota de angostura

Agite en la coctelera todos los ingredientes con unos cubitos de hielo. Sirva en copas de cóctel adornadas con corteza de limón.

Cameron Verney

 relajante

5/10 de vermú clásico
3/10 de buen coñac
2/10 de quina

Prepare la bebida vertiendo todos los ingredientes en la coctelera, añada cubitos de hielo, agite y sirva en copas de licor adornadas con cáscara de limón.

Canadian club

 relajante

6/10 de rye whisky
1,5/10 de Grand Marnier
1,5/10 de curaçao orange
1/10 de zumo de limón
1 golpe de bitter de naranja
1 gota de angostura

Agite bien en la coctelera los ingredientes con unos cubitos de hielo. Sirva en copas de cóctel adornadas con corteza de naranja.

Canadian cóctel

 aperitivo

8/10 de curaçao
el zumo de 1/2 de limón
1 cucharada de azúcar
3 golpes de ron de Jamaica

Agite en la coctelera los ingredientes y añada unos cubitos de hielo. Sirva en copas de cóctel.

Cánovas del Castillo

 relajante

5/10 de vermú seco
4/10 de ginebra
1/10 de zumo de naranja

Agite en la coctelera los ingredientes con unos cubitos de hielo.
Sirva en copas de cava adornadas con cáscara de naranja.

Cantábrico

 relajante

4/10 de coñac añejo
3/10 de sidra
3/10 de jerez

Agite en la coctelera los ingredientes junto con unos cubitos de hielo.
Sirva en copas de cava adornadas con rodajitas de naranja.

Cape cóctel

 refrescante

1/2 de ginebra
1/2 de zumo de naranja

Agite los ingredientes junto con unos cubitos de hielo en la coctelera. Sirva en copas de cava.

Capri rosé

 refrescante

2/10 de zumo de naranja
2/10 de vodka
2/10 de Bitter Campari
cava

Vierta los ingredientes, excepto el cava, en la coctelera con algunos cubitos de hielo, agite vigorosamente durante unos instantes y vierta en vasos altos. Termine de llenarlos con cava y adorne con una rodajita de naranja.

Carabean

 energético y euforizante

3/4 de ron Montego SIS
1/5 de granadina
1 cucharadita de marrasquino
1 cucharadita de crema de cacao clara
1 gota de angostura bitter

Mezcle los ingredientes en la coctelera y sirva en copas de cóctel.

Caramel flip

 energético y euforizante
grandes ocasiones y fiestas

8/10 de crema de cacao
1 yema de huevo
1 cucharadita de Nescafé

Vierta en la coctelera los ingredientes con unos cubitos de hielo, agite bien y sirva en flautas.

Carla

 energético y euforizante

1/2 de old brandy Cavallino Rosso
1/4 de triple sec
1/4 de elixir de moka

Introduzca en la coctelera todos los ingredientes y agite bien.
    Sirva en copas de cóctel.

Carlton cóctel

 aperitivo

1/2 de whisky canadiense
1/4 de zumo de naranja
1/4 de triple sec

Vierta en la coctelera los ingredientes con unos cubitos de hielo.
    Agite brevemente y sirva en copas de cóctel adornadas con una cereza y un golpe de soda.

Carnegie cóctel

 digestivo

1/4 de vermú seco
1/4 de ginebra
1/4 de curaçao blanco
1/4 de agua de Danzig
1 gota de angostura

Agite en la coctelera los ingredientes y añada unos cubitos de hielo.
    Sirva en copas de cóctel con una cereza confitada.

Carrol cóctel

 digestivo

3/5 de coñac
2/5 de vermú blanco

Agite en la coctelera el coñac y el vermú con hielo en cubitos. Sirva en copas globo.

Casanova cóctel

 aperitivo

1/2 de old brandy Cavallino Rosso
1/4 de brandy de albaricoque
1/4 de vermú Martini seco
1 cáscara de naranja

Vierta los ingredientes en la coctelera y agite bien. Sirva en copas de cóctel.

Castillo de Madrid

 aperitivo

1/2 de brandy de albaricoque
1/2 de ginebra

Vierta en el mezclador los ingredientes con unos cubitos de hielo, mezcle bien y sirva en copas de cóctel.

Catamarca cóctel

 refrescante
grandes ocasiones y fiestas

4/10 de vermú seco
2/10 de buen coñac
2/10 de ron Demerara
1/10 de zumo de naranja
1/10 de jarabe de horchata
1 gota de angostura

Agite en la coctelera los ingredientes con hielo en cubitos. Sirva en copas de cava adornadas con corteza de limón.

Champagne sour

 grandes ocasiones y fiestas

1 cucharadita de jarabe de azúcar
2 cucharaditas de zumo de limón
cava

Vierta los ingredientes directamente en la flauta, con hielo picado, mezcle bien y termine de llenarla con cava helado.

Champeneoise cóctel

 grandes ocasiones y fiestas

2 gotas de angostura bitter
1 terrón de azúcar
cava brut

Ponga en las flautas los terrones de azúcar con la angostura y acabe de llenarlas con el cava, añadiendo un golpe de zumo de corteza de limón.

Champs-Élysées

 digestivo

3/4 de coñac
1/4 de Chartreuse verde

1 cucharadita de zumo de limón
2 gotas de angostura bitter

Vierta los ingredientes en el mezclador, mezcle con hielo picado y vierta en copas de cóctel previamente enfriadas.

Chanel

 aperitivo

2/4 de vodka Stolichnaja
1/4 de crema de cacao blanca
1/4 de Rosso Antico

Vierta los ingredientes en la coctelera, agite y sirva de inmediato.

Chanteclair

 refrescante

6/10 de ginebra
el zumo de 1/2 de limón
1 cucharada de jarabe de frambuesa
1 clara de huevo

Agite enérgicamente los ingredientes en la coctelera con unos cubitos de hielo. Sirva en vaso alto.

Chanters towers

 digestivo

3/10 de elixir de ruibarbo
3/10 de vermú clásico
2/10 de Amer Picon
2/10 de ginebra
1 gota de angostura

Agite los ingredientes en la coctelera con unos cubitos de hielo. Sirva en copas de cóctel adornadas con corteza de limón.

Chocolate cóctel

 energético y euforizante contra el frío

8/10 de oporto
1/10 de licor de crema de cacao
1 yema de huevo
1 cucharada de azúcar
nuez moscada

Vierta los ingredientes en la coctelera con unos cubitos de hielo. Agite y mezcle con una cuchara. Sirva en copas de vinos especiales y espolvoree una pizca de nuez moscada.

Chocolate soldier

 energético y euforizante

1/3 de aguardiente
1/3 de vermú seco
1/3 de crema de cacao
2 gotas de bitter de naranja

Vierta en el mezclador los ingredientes con unos cubitos de hielo, mezcle bien y sirva en copas de cóctel.

Chrystal highball

 refrescante

1/3 de vermú seco
1/3 de vermú clásico

1/3 de zumo de naranja
seltz

Vierta los ingredientes directamente en el vaso alto con unos cubitos de hielo, mezcle bien y termine de llenar con agua de seltz.

Chuquis cóctel

  refrescante

1/3 de zumo de limón
1/3 de zumo de piña
1/3 de Bacardí

Vierta los ingredientes en la coctelera, agite bien y sirva en copas de cava.

Church parade

aperitivo

2/3 de ginebra
1/3 de vermú seco
1 golpe de curaçao orange
1 golpe de zumo de naranja

Vierta los ingredientes en el mezclador, añada cubitos de hielo y mezcle bien. Sirva en copas de cóctel.

Ciao-yong

  digestivo

5/10 de vermú clásico
4/10 de licor de enebro
1/10 de quina
1 gota de angostura

Vierta los ingredientes en la coctelera, añada unos cubitos de hielo y agite durante unos segundos. Sirva en copas de cóctel adornadas con corteza de limón.

Coffee cóctel al aguardiente

  digestivo

1/3 de aguardiente
1/3 de triple sec
1/3 de café fuerte

En la coctelera, con unos cubitos de hielo, agite los ingredientes. Sirva en copa globo.

Coffee cóctel al brandy

  digestivo

1/3 de brandy
1/3 de café
1/3 de Cointreau

Vierta los ingredientes en el mezclador. Añada hielo picado y mezcle. Sirva en copas de cava bien frías.

Coffee cóctel al marsala

  energético y euforizante

6/10 de oporto blanco
2/10 de coñac añejo
1/10 de marsala
1/10 de curaçao blanco
1 yema de huevo
1 cucharada de azúcar
nuez moscada

Ponga en la coctelera la yema de huevo con el azúcar, mezcle bien con una cucharilla y luego agite; añada los demás ingredientes y unos cubitos de hielo. Vuelva a agitar, sirva y espolvoree nuez moscada.

Coffee cóctel al oporto

 energético y euforizante

5/10 de oporto blanco
3/10 de coñac añejo
2/10 de crema de moka
1 yema de huevo
1 cucharada de azúcar
canela

Vierta en la coctelera la yema de huevo con el azúcar, mézclelo bien con la cucharilla y luego agite; añada los demás ingredientes y el hielo en cubitos. Sirva en copas de vinos especiales y espolvoree una pizca de canela.

Cogol cóctel

 digestivo

3/10 de vermú seco
3/10 de ginebra
2/10 de coñac añejo
2/10 de Bénédictine
2 gotas de angostura

En la coctelera ponga cubitos de hielo, añada los ingredientes y agite unos segundos.
Vierta en una copa globo y adorne con una cáscara de limón.

Collier

 aperitivo

2/5 de jerez brandy
2/5 de Bitter campari
1/5 de ginebra Lassy SIS

Prepare este cóctel en la coctelera.
Agite los ingredientes durante unos segundos, vierta en las copas de cóctel y sirva.

Creole cóctel

 relajante

8/10 de vermú clásico
2 golpes de Bénédictine
2 golpes de Amer Picon

Vierta todos los ingredientes en la coctelera con algunos cubitos de hielo y agite bien.
Sirva en copas de cóctel adornadas con cáscara de limón.

Crisi

 grandes ocasiones y fiestas

1/3 de brandy Very Old SIS
1/3 de kirsch
1/3 de vermú Cinzano blanco
unas gotas de quina

Ponga en la coctelera los ingredientes, agite y sirva en copas de cóctel previamente enfriadas.

Crocker cóctel

 energético y euforizante

3/10 de vermú seco
3/10 de crema de plátano
2/10 de coñac añejo
2/10 de zumo de limón
1 gota de angostura

Agite los ingredientes en la coctelera con algunos cubitos de hielo. Sirva con una rodajita de plátano.

Crown cóctel

 refrescante

2/5 de crema de menta
2/5 de Amer Picón
1/5 de seltz

Vierta los dos primeros ingredientes en la coctelera con unos cubitos de hielo; agite unos segundos y vierta la mezcla en un vaso alto; termine de llenando con seltz.

Cuba brandy

 digestivo

1/2 de aguardiente
1/4 de brandy de albaricoque
1/4 de zumo de limón

Se vierten los ingredientes en la coctelera con unos cubitos de hielo. Se agita bien y se sirve en copas de cóctel.

Cuba libre *(Cuba libre cocktail)*

 refrescante

5/10 de Bacardí
4/10 de Coca-Cola
1/10 de zumo de limón

Vierta el ron y el zumo de limón en la coctelera con unos cubitos de hielo; agite bien, cuele en un vaso alto y termine de llenarlo con Coca-Cola.

Cuban brandy cóctel

 aperitivo

1/2 de Bacardí
1/4 de brandy de albaricoque
1/4 de zumo de limón

Ponga en la coctelera unos cubitos de hielo; añada los ingredientes y agite unos segundos.
Sirva en copas de cóctel.

Ça ira cóctel

 digestivo

4/10 de buen coñac
3/10 de Bénédictine
2/10 de arak de Batavia
1/10 de zumo de naranja

Vierta los ingredientes en la coctelera con unos cubitos de hielo, agite bien y sirva en copas globo adornadas con cerezas.

Darling cóctel

  grandes ocasiones y fiestas

3/10 de vermú clásico
2/10 de buen coñac
2/10 de ron Demerara
2/10 de arak de Batavia
1/10 de marrasquino de Zara
2 gotas de angostura

Este cóctel obtuvo el primer premio en Merano, en la exposición gastronómica «La Ginebrina, 1926». Para prepararlo, vierta todos los ingredientes en la coctelera con unos cubitos de hielo; agite bien. Adorne el borde de las copas de cóctel con azúcar y granadina, llénelas y adórnelas con una cereza confitada.

De rigueur cóctel

  energético y euforizante

1/2 de whisky
1/4 de grappa
1/4 de miel

Agite en la coctelera los ingredientes con unos cubitos de hielo. Sirva en un vaso ancho con el hielo picado como nieve.

Deauville cóctel

  digestivo

1/4 de coñac añejo
1/4 de calvados
1/4 de Cointreau
1/4 de zumo de limón

En la coctelera se agitan durante un buen rato los ingredientes con algunos cubitos de hielo. Se sirve en copas globo adornadas con una espiral de cáscara de naranja.

Dede cóctel

  aperitivo

8/10 de ginebra
1/10 de zumo de naranja
1/10 de jarabe de azúcar
1 golpe de bitter de naranja

Vierta en la coctelera los ingredientes, añada unos cubitos de hielo y agite durante unos segundos. Sirva con una rodajita de naranja.

Variante n.º 1

  aperitivo

1/3 de ginebra
1/3 de jerez
1/3 de whisky

Agite en la coctelera los ingredientes con unos cubitos de hielo. Sirva con cáscara de naranja.

Deep blue sea

  digestivo refrescante

1/2 de ginebra Lassy SIS
1/4 de brandy Cavallino Rosso
1/8 de menta alpina verde
1/8 de vodka Moskovskaja

Vierta los ingredientes en la coctelera, añada unos cubitos de hielo y agite con energía.

Sirva en vaso alto.

Delfín

 relajante

3/10 de ron Montego SIS
3/10 de brandy Very Old SIS
2/10 de zumo de naranja
2/10 de zumo de limón
2 gotas de granadina

Prepare este cóctel vertiendo directamente los ingredientes en un vaso alto.

Deloso cóctel

  aperitivo

1/2 de anisete Deloso
1/2 de ginebra
1 gota de angostura

Vierta los ingredientes en la coctelera con unos cubitos de hielo.

Agite unos segundos y sirva con una corteza de limón.

Derby royal

  aperitivo

2/5 de vermú clásico
2/5 de ginebra
1/5 de marrasquino
1 golpe de bitter rojo
1 gota de angostura

Vierta los ingredientes en la coctelera con unos cubitos de hielo; agite enérgicamente y sirva en copas de cóctel adornadas con una cereza confitada.

Dessert dream

  energético y euforizante

1/3 de ginebra
1/3 de vermú clásico
1/3 de crema de cacao
1 clara de huevo

Agite bien los ingredientes en la coctelera con unos cubitos de hielo. Sirva en copas de cóctel heladas.

Devil's cóctel

  aperitivo

3/10 de vermú seco
3/10 de sidra
2/10 de curaçao blanco
2/10 de licor de enebro
2 gotas de angostura

Agite los ingredientes en la coctelera con unos cubitos de hielo. Sirva con una corteza de limón.

Diábolo cóctel

  digestivo

2/5 de buen coñac
2/5 de vermú seco
3 gotas de angostura
2 golpes de bitter de naranja

Vierta los ingredientes en la coctelera, añada unos cubitos de hielo y agite enérgicamente unos segundos. Sirva en copas globo adornadas con cáscara de naranja.

Diábolo gin

 aperitivo

7/10 de Dubonnet
3/10 de ginebra
2 golpes de jarabe de horchata

Vierta en la coctelera el Dubonnet, la ginebra y el jarabe de horchata, añada unos cubitos de hielo y agite bien.
Sirva en las copas de cóctel previamente enfriadas.

Digest

 digestivo

1/2 de brandy Cavallino Rosso
1/4 de kummel
1/4 de quina
1 golpe de limón

Vierta los ingredientes en la coctelera, agite bien durante algunos segundos y sirva.

Duchess cocktail

 digestivo

1/2 de vermú seco
1/2 de ajenjo
2 golpes de anisete

Prepare este digestivo en la coctelera. Vierta los ingredientes, añada el hielo en cubitos y agite bien. Sirva en copas *old fashioned* bordeadas de azúcar y adornadas con una cereza.

Duncan cóctel

 energético y euforizante

5/10 de crema de cacao Puerto Cabello
4/10 de nata
1/10 de buen coñac
canela

Agite en la coctelera todos los ingredientes con el hielo en cubitos. Vierta en las copas de cóctel y adórnelas con canela espolvoreada.

Dunlop cóctel

 aperitivo

3/5 de ron de Jamaica
2/5 de jerez
1 gota de angostura

Vierta los ingredientes en la coctelera, añada hielo en cubitos y agite enérgicamente durante unos segundos. Sirva de inmediato.

Dupuy cóctel

 relajante

5/10 de vermú seco
4/10 de ginebra
1/10 de anisete

Vierta los ingredientes en la coctelera, añada el hielo en cubitos y agite durante unos segundos.

Sirva en copas de cóctel.

Durkee highball

 refrescante

9/10 de ron
1 cucharadita de jarabe de azúcar
1 cucharadita de zumo de limón
1 golpe de curaçao

Prepare esta bebida vertiendo directamente todos los ingredientes en un vaso grande con hielo en cubitos. Mezcle bien y termine de llenar con seltz.

Dux cóctel

 refrescante

5,5/10 de ginebra
3/10 de zumo de naranja
1/10 de crema de mandarina
0,5/10 de jarabe de azúcar

Ponga en la coctelera los ingredientes con hielo en cubitos. Agite bien durante unos segundos y sirva con una corteza de naranja.

East India fizz

 refrescante

4/10 de zumo de naranja
4/10 de jarabe de piña
2/10 de curaçao orange

Agite en la coctelera los ingredientes con hielo picado durante dos minutos; sirva en vasos altos y acabe de llenarlos con seltz.

Eclipse cóctel

 aperitivo

5/10 de ginebra
3/10 de ginebra seca
2/10 de granadina

Vierta los ingredientes en el orden establecido en copas de cóctel. Sirva sin mezclar ni agitar.

Egg flip

 energético y euforizante

3/4 de aguardiente
1/4 de curaçao orange
1 yema de huevo
2 cucharaditas de jarabe de azúcar

Prepare esta bebida en la coctelera con el hielo en cubitos. Agite bien durante unos segundos y sirva en flautas. Puede espolvorear nuez moscada.

Egg sour al aguardiente

 refrescante

1/2 de aguardiente
1/2 de curaçao orange
1 huevo
1 cucharadita de jarabe de azúcar
el zumo de 1/2 limón
seltz

Vierta los ingredientes en la coctelera con hielo picado, agite vigorosamente, cuele en un vaso alto y añada con un chorrito de seltz.

Eiffell cóctel

  relajante

5/10 de ginger ale
3/10 de ron de Jamaica
2/10 de arak de Batavia

Vierta los ingredientes en la coctelera con algunos cubitos de hielo. Agite enérgicamente durante unos segundos y sirva con una cereza confitada.

English cobbler

  energético y euforizante

2/3 de ron
1/3 de té
1 cucharada de azúcar
1 cucharada de zumo de limón

Mezcle todos los ingredientes en el mezclador con hielo en cubitos. Vierta en *old fashions* o en copas de vino con más hielo en cubitos. Adorne con fruta de la estación. Sirva con caña y cucharilla.

Entre ríos

 energético y euforizante

5/10 de vermú clásico
3/10 de ginebra
2/10 de crema de rosa
2 gotas de angostura

Agite bien en la coctelera todos los ingredientes con hielo en cubitos. Sirva con una cáscara de limón.

Esmeralda (Smeraldo)

  Refrescante

3/5 de Cointreau
2/5 de curaçao verde
agua tónica

Vierta los ingredientes en la coctelera y añada algunos cubitos de hielo. Remueva enérgicamente, sirva en copas de licor y añada tónica.

Eva cóctel

  relajante

5/10 de seltz
2/10 de Bénédictine
2/10 de ginebra
1/10 de ginger ale
seltz

Agite los ingredientes en la coctelera con unos cubitos de hielo.
   Sirva en un vaso alto, previamente enfriado, y acabe de llenarlo con ginger ale y seltz.

Evans gin

  relajante

1/2 de ginebra
1/2 de jarabe de piña
2 gotas de angostura

Ponga en la coctelera cubitos de hielo; añada los ingredientes y agite con energía durante unos segundos. Sirva con un cuadradito de piña.

Exam's cóctel

 digestivo

8,5/10 de porto
1/10 de ajenjo
0,5/10 de crema Fraisette
2 golpes de bitter de naranja
fresas

Vierta los ingredientes en la coctelera, añada unos cubitos de hielo y agite durante unos segundos. Sirva en copas de cóctel y añada fresas frescas.

Excelsior cóctel

 digestivo

6/10 de buen coñac
2/10 de ajenjo
1/10 de zumo de limón
1/10 de crema de grosella
2 gotas de angostura

Este cóctel fue premiado en París en 1926. Para prepararlo, vierta todos los ingredientes en la coctelera con unos cubitos de hielo. Agite bien durante algunos segundos y sirva con cáscara de limón.

Extra dry cóctel

 digestivo

4/10 de vermú seco
3,5/10 de ginebra
1/10 de curaçao triple sec
1/10 de vodka
0,5/10 de zumo de limón
2 gotas de angostura

Vierta todos los ingredientes en la coctelera, añada cubitos de hielo y agite bien. Sirva en copas de cóctel adornadas con corteza de limón.

Eyck cóctel

 contra el frío

1/4 de vermú clásico
1/4 de ginebra
1/4 de curaçao blanco
1/4 de brandy de albaricoque
2 gotas de angostura

Agite todos los ingredientes en la coctelera con unos cubitos de hielo. Sirva con corteza de limón.

Fairbank cóctel

 aperitivo

1/3 de brandy de albaricoque
1/3 de ginebra
1/3 de vermú seco

Mezcle los ingredientes en el mezclador con unos cubitos de hielo. Sirva en copas de cóctel.

Fancy cubano

 grandes ocasiones y fiestas

4/10 de crema de plátano
3,5/10 de seltz
2/10 de ron de Martinica
0,5/10 de jarabe de azúcar
2 gotas de angostura

Agite los ingredientes en el mezclador con hielo en cubitos. Sirva en flautas bordeadas de azúcar.

Fancy curaçao

 refrescante

7/10 de curaçao orange
3/10 de seltz

Agite en el mezclador los ingredientes, vierta en un vaso alto y sirva.

Fancy d'Artagnan

 aperitivo

8/10 de kirsch
1/10 de jarabe de azúcar
1/10 de marrasquino Zara
2 gotas de angostura

Agite en la coctelera todos los ingredientes con el hielo en cubitos. Vierta en las copas de cóctel bordeadas de azúcar y sirva con cerezas confitadas.

Fancy fan fan

 grandes ocasiones y fiestas

6/10 de buen coñac
1/10 de ginebra

1/10 de curaçao orange
1/10 de marrasquino Zara
1/10 de agua

Agite en la coctelera los ingredientes con hielo en cubitos; sirva en vasos altos bordeados de azúcar y complete con cerezas confitadas.

Fancy flip

 energético y euforizante
grandes ocasiones y fiestas

5/10 de aguardiente
1 yema de huevo
2 cucharaditas de jarabe de azúcar
cava
nuez moscada (opcional)

Agite todos los ingredientes, excepto el cava, en la coctelera con unos cubitos de hielo durante corto tiempo pero muy enérgicamente.
  Cuele en flautas y aromatice, si gusta, con nuez moscada.
  Termine de llenar con el cava y sirva de inmediato.

Fancy lipsia

 relajante

6/10 de brandy de cerezas
1/10 de curaçao blanco
3/10 de agua
2 gotas de angostura

Agite todos los ingredientes en la coctelera con hielo en cubitos.
  Vierta en copas globo bordeadas de azúcar y adornadas con cerezas confitadas.

Fancy moka

  relajante

5/10 de crema de moka
3/10 de kirsch
1,5/10 de agua
0,5/10 de jarabe de azúcar
2 gotas de angostura

Agite los ingredientes en la coctelera con unos cubitos de hielo. Sirva en copas de cóctel bordeadas de azúcar y adornadas con una cereza confitada.

Felsinea

 refrescante

1/3 de ginebra
1/3 de old brandy Cavalino Rosso
1/3 de jerez brandy
zumo de naranja
agua tónica

Vierta los ingredientes directamente en un vaso alto, añada el zumo de naranja y acabe de llenar con agua tónica. Decore con una espiral de corteza de limón.

Fátima cóctel

  refrescante

5/10 de ginebra
3/10 de liquore Strega
1/10 de anisete
1/10 de zumo de limón
2 gotas de angostura

Agite en la coctelera los ingredientes con hielo en cubitos. Sirva con cáscara de limón.

Fiat cóctel

  energético y euforizante

4/10 de arak de Batavia
3/10 de vermú blanco
2/10 de coñac al huevo
1/10 de curaçao blanco
1 golpe de Fitz Roy

Agite los ingredientes en la coctelera con el hielo en cubitos. Sirva con una cereza confitada.

Felkland cóctel

  refrescante

5/10 de vermú seco
4/10 de ginebra
1/10 de crema de vainilla
2 gotas de angostura

Ponga los ingredientes en la coctelera con hielo en cubitos. Agite bien y sirva con una corteza de limón.

Field cóctel

  relajante

5/10 de vermú seco
3/10 de rye whisky
1/10 de zumo de naranja
2 gotas de angostura

Ponga en la coctelera los ingredientes con cubitos de hielo. Agite bien unos segundos y sirva con cáscara de limón.

Fifty-fifty *(Fifty-fifty cocktail)*

  relajante

1/2 de vermú seco
1/2 de ginebra
2 gotas de angostura
esencia de limón

Vierta los ingredientes en la coctelera con el hielo en cubitos, agite bien durante unos segundos, salpique con esencia de limón y sirva.

Fil de fer

  refrescante

6/10 de whisky
2/10 de jarabe de grosella
1/10 de granadina
1/10 de zumo de limón
3 golpes de angostura

Vierta todos los ingredientes en la coctelera con unos cubitos de hielo. Agite durante unos segundos y complete con una cereza en alcohol al servirlo.

Flamingo cooler

  refrescante

1/3 de Bacardí
1/3 de zumo de limón
1/3 de zumo de piña
3 golpes de granadina
seltz

Agite bien los ingredientes en la coctelera con el hielo en cubitos, cuele la mezcla en un vaso alto y termine de llenarlo con seltz.

Flip-flap

  refrescante

1/2 de oporto
1/2 de jerez
1 yema de huevo
1 cucharadita de jarabe de azúcar
1 cucharadita de granadina

En la coctelera, con unos cubitos de hielo, agite con vigor todos los ingredientes. Sirva en copas de de cóctel doble.

Florence

  refrescante

2/3 de menta alpina verde
1/3 de old brandy Cavalino Rosso
1 golpe de anís
seltz

Vierta en el mezclador los ingredientes con unos cubitos de hielo. Mezcle durante unos segundos y sirva en vasos altos; termine de llenarlos con seltz. Complete con una cáscara de naranja.

Florida arancia

  refrescante

2/5 de zumo de naranja
1/5 de zumo de limón
1/5 de granadina
1/5 de whisky canadiense

Agite los ingredientes en la coctelera con el hielo en cubitos unos segundos y sirva en vaso alto. Este cóctel se llama también «Florida arancia cocktail».

Florida limón

  sin alcohol

el zumo de 1/2 de limón
el zumo de 1/2 de naranja
1 gota de angostura
1 cucharadita de granadina

Agite brevemente los ingredientes en la coctelera con hielo en cubitos y sirva en copas de cóctel.

Florida vermú

  relajante

5/10 de vermú blanco
2/10 de ginebra
1/10 de granadina
1/10 de zumo de naranja
1/10 de zumo de limón

Agite en la coctelera todos los ingredientes con unos cubitos de hielo. Sirva con una corteza de limón.

Flu cóctel

  grandes ocasiones y fiestas

7/10 de whisky canadiense
1/10 de coñac añejo
1/10 de Rock Candy sirup
el zumo de 1/2 de limón

Prepare este cóctel en la coctelera con hielo en cubitos. Agite bien y sirva.

Fly wheel

  digestivo

2/5 de triple sec
1/5 de aguardiente
1/5 de ron de Jamaica
1/5 de zumo de limón

Vierta los ingredientes en la coctelera. Agite durante unos segundos y sirva en copas de cóctel heladas.

Foch marechal

  relajante

5/10 de vermú clásico
4/10 de ginebra
1/10 de crema de grosella

Vierta los ingredientes en la coctelera con hielo en cubitos. Agite bien y sirva en copas de cóctel con corteza de limón.

Ford cóctel

  aperitivo

3/10 de vermú seco
3/10 de ginebra
2/10 de curaçao blanco
2/10 de jerez brandy
1 gota de angostura

Ponga en la coctelera hielo en cubitos, vierta los ingredientes y agite durante unos segundos. Sirva con una corteza de limón.

Fox trot

 aperitivo

8/10 de ron Bacardí
2 golpes de curaçao orange
el zumo de 1/2 de limón

Vierta en la coctelera los ingredientes, añada el hielo en cubitos, agite unos segundos y sirva.

Fraenzis cóctel

 digestivo

2/5 de triple sec
2/5 de ginebra
1/5 de zumo de limón
1 golpe de ron de Jamaica

Ponga en la coctelera los ingredientes con unos cubitos de hielo. Agite durante unos segundos y sirva en copas de cóctel. Complete con un golpe de ron de Jamaica.

Fraimar cóctel

 digestivo

7/10 de buen coñac
1/10 de licor Brou de Noix
1 golpe de horchata
1 golpe de marrasquino

Vierta los ingredientes en la coctelera, añada algunos cubitos de hielo y agite durante unos segundos. Sirva con una corteza de limón.

Franco

 digestivo

7/10 de whisky escocés King Ranson
2/10 de Cointreau
1/10 de grappa barolo Cervo Bianco
1 golpe de angostura

Agite en la coctelera los ingredientes y sirva añadiendo un golpe de angostura.

Galvani

 refrescante

4/10 de ginebra
2/10 de jerez Heering
1/10 de zumo de limón
soda

Vierta en el mezclador los ingredientes con unos cubitos de hielo. Mezcle, sirva en vasos altos y termine de llenar con soda. Adorne con menta fresca.

Gandhi cóctel

 relajante

4/10 de ginebra
2/10 de coñac añejo
2/10 de curaçao orange
1/10 de zumo de limón
1/10 de jarabe de azúcar
1 cucharada de clara de huevo
2 gotas de angostura

Vierta en la coctelera todos los ingredientes, añada hielo en cubitos y agite bien durante unos segundos. Sirva con una corteza de limón.

Garrick cóctel

  aperitivo

5/10 de ron de Jamaica
4/10 de vermú seco
1/10 de granadina
2 golpes de bitter de naranja

Prepare este aperitivo en la coctelera. Vierta los ingredientes, añada unos cubitos de hielo y agite bien. Sirva con una cáscara de naranja.

Gassman cóctel

  grandes ocasiones y fiestas

6/10 de vermú clásico
3/10 de ginebra
1/10 de agua
2 golpes de bitter de naranja

Ponga en la coctelera unos cubitos de hielo, vierta los ingredientes, agite unos segundos y sirva con una cáscara de limón.

Gayarre cóctel

  aperitivo

5/10 de vermú clásico
3/10 de arak de Batavia
1/10 de crema de grosella

1/10 de curaçao orange
2 gotas de angostura

En la coctelera, ponga unos cubitos de hielo, vierta después los ingredientes y agite bien unos segundos. Sirva en copas de cóctel adornadas con cáscara de limón.

Gazelle cóctel

  aperitivo

1/2 de aguardiente
1/2 de vermú clásico
1 cucharadita de zumo de limón
1 cucharadita de jarabe de azúcar

Mezcle todos los ingredientes en el mezclador con unos cubitos de hielo. Sirva de inmediato en copas de cóctel.

Gazette cóctel

 grandes ocasiones y fiestas

1/2 de brandy
1/2 de vermú clásico
1 cucharada de azúcar
1 cucharada de zumo de limón

Vierta todos los ingredientes en el mezclador, añada el hielo picado y mezcle bien.

Sirva en copas de cóctel previamente enfriadas.

Gin cóctel

  contra el frío

*9/10 de ginebra
2 golpes de bitter de naranja
1 golpe de corteza de limón*

Puede preparar esta bebida directamente en las copas de cóctel, pero si los ingredientes no se han enfriado previamente, mézclelos todos en el mezclador con unos cubitos de hielo antes de servir.

Gin cooler

 refrescante

*5/10 de ginebra
el zumo de 1/2 de limón
2 cucharaditas de jarabe de azúcar
ginger ale*

Agite bien los ingredientes en la coctelera con hielo en cubitos, cuele en unos vasos altos y termine de llenarlos con ginger ale.

Gin crusta

 refrescante

*5/10 de zumo de limón
4/10 de ginebra
1 cucharadita de jarabe de azúcar
1 cucharadita de marrasquino o de vermú
2 gotas de angostura*

Coloque en copas *old fashions* bordeadas de azúcar una larga espiral de corteza de naranja o de limón. Vierta los ingredientes en la coctelera con hielo en cubitos, agite bien, cuele en las copas antes preparadas y sirva con una cucharilla o una caña.

Gin curaçao

 aperitivo

*9/10 de ginebra
1/10 de curaçao blanco
2 gotas de angostura*

Vierta los ingredientes en la coctelera con unos cubitos de hielo. Agite bien durante unos segundos y sirva con una corteza de limón.

Gin eggnog

 energético y euforizante

*5/10 de leche
4/10 de ginebra
1 cucharadita de jarabe de azúcar
1 huevo*

Ponga en la coctelera hielo en cubitos, vierta los ingredientes, agite brevemente pero con vigor, cuele en un vaso alto y acabe de llenar con leche.

Gin fizz Schweppes

 refrescante

*5 cucharadas de ginebra
2 cucharadas de zumo de limón
1 cucharada de jarabe de azúcar
1 cucharadita de clara de huevo (opcional)
soda Schweppes*

Ponga en la coctelera los cubitos de hielo y añada la ginebra, el zumo de limón, la clara de huevo (si gusta) y el jarabe de azúcar. Agite unos segundos, vierta en un vaso alto y termine de llenarlo con soda Schweppes.

Globus cóctel

 energético y euforizante

5/10 de buen coñac
2/10 de Cointreau
2/10 de zumo de limón
1/10 de miel
2 gotas de angostura

Vierta los ingredientes en la coctelera con unos cubitos de hielo, agite durante unos segundos y sirva con una cereza confitada.

Globus Zurich

 aperitivo

6/10 de ginebra
3/10 de vermú clásico
1/10 de marrasquino de Zara
3 golpes de bitter rojo
2 gotas de angostura

Agite bien todos los ingredientes en la coctelera con unos cubitos de hielo. Sirva con una cereza confitada.

Golden fizz

 energético y euforizante

7/10 de ginebra
2/10 de zumo de limón
1/10 de jarabe de azúcar
1 yema de huevo
seltz

Vierta los ingredientes en la coctelera con unos cubitos de hielo, agite vigorosamente durante 2 minutos.
Sirva en vaso grande y acabe de llenarlo con seltz.

Golden flip

 energético y euforizante

5/10 de granadina
5/10 de jerez
1 yema de huevo

Vierta los ingredientes en la coctelera con unos cubitos de hielo, agite breve pero vigorosamente. Cuele en flautas y, si gusta, aromatice con nuez moscada. Sirva de inmediato.

Golden pony

 grandes ocasiones y fiestas

1/3 de whisky escocés King's Ramson
1/3 de brandy de albaricoque
1/3 de zumo de naranja

Agite los ingredientes en la coctelera con unos cubitos de hielo durante unos segundos y sirva de inmediato en copas de cava.

Gondol cóctel

 aperitivo

8/10 de coñac añejo
1 cucharada de limón
1 cucharada de jarabe de horchata

Agite los ingredientes en la coctelera con el hielo en cubitos. Sirva con unas tapas de ostras frescas.

Gordea of Eden

 grandes ocasiones y fiestas

1/2 de licor de albaricoque
1/2 de crema de violeta

Vierta los ingredientes en copitas de licor, mezcle y sirva.

Granadina fizz

  refrescante

1/2 de ginebra
1/2 de granadina
el zumo de 1 limón
seltz

Vierta los ingredientes en la coctelera con hielo en cubitos y agite durante dos minutos.

Sirva en vaso grande y termine de llenarlo con seltz.

Grassoide ferro

  aperitivo

5/10 de vermú Cinzano
3/10 de Ferrochina Bilseri
2/10 de ginebra
2 gotas de angostura

Agite en la coctelera con el hielo en cubitos todos los ingredientes.

Sirva en copas de cóctel con corteza de limón.

Grassoide kina

  aperitivo

7/10 de vermú Cinzano
2/10 de Bitter Campari
1/10 de quina

Ponga en la coctelera unos cubitos de hielo, añada los ingredientes y agite bien durante unos segundos. Sirva en copas de cóctel.

Grassoide lucullo

  aperitivo

1/2 de vermú clásico
1/2 de amaro Lucallo
2 gotas de angostura

Una en la coctelera el hielo en cubitos con los ingredientes, agite bien unos segundos y sirva en copas de cóctel.

Green cóctel

  grandes ocasiones y fiestas

4/10 de ron blanco
2/10 de Kiwi Boero
agua tónica

Agite en la coctelera los ingredientes con algunos cubitos de hielo. Sirva en copas de cóctel y termine de llenarlas de tónica. Adorne con kiwi y fresas.

Green door

  relajante

2/3 de grappa moscato Orso Bruno
1/3 de brandy de albaricoque
2 cucharaditas de menta alpina verde

Vierta los ingredientes en la coctelera con hielo en cubitos, agite bien y sirva en copas de cóctel.

Groenlandia

  refrescante

4/10 de zumo de piña
3/10 de vodka
2/10 de Cointreau
1/10 de zumo de limón
Seven Up

Vierta los ingredientes en la coctelera con algunos cubitos de hielo, agite unos instantes, sirva en copas de vino y termine de llenarlas con Seven Up.

G.U.F. Bologna

  grandes ocasiones y fiestas

4,5/10 de ginebra
3/10 de vermú clásico
1/10 de Cordial Campari
1/10 de crema de cacao
0,5/10 de Bitter Campari
2 gotas de angostura

Agite en la coctelera los ingredientes con el hielo en cubitos. Sirva con una cereza confitada.

Guignol cóctel

  aperitivo

4/10 de vermú seco
3/10 de curaçao orange
2/10 de Dubonnet
1/10 de granadina
2 gotas de angostura

Ponga este aperitivo en la coctelera con el hielo en cubitos. Agite bien todos los ingredientes y sirva con una cáscara de limón.

Guillotin

  grandes ocasiones y fiestas

3/10 de vermú clásico
3/10 de ginebra
2/10 de brandy de albaricoque
2/10 de buen coñac
2 gotas de angostura

Agite en la coctelera todos los ingredientes con el hielo en cubitos. Sirva con un gajito de albaricoque.

Guirnalda

  Para las grandes ocasiones

1/2 de whisky
1/4 de brandy
1/4 de zumo de limón

Vierta los ingredientes en la coctelera con algunos cubitos de hielo. Agite algunos instantes y sirva en copas de cóctel.

Gulf stream

 aperitivo

1/2 de ginebra
1/2 de vodka
2 gotas de angostura

Vierta los ingredientes en la coctelera con unos cubitos de hielo, agite bien durante unos segundos y sirva con una aceituna.

Gulliver cóctel

 aperitivo

5/10 de vermú seco
4/10 de vodka
1/10 de marrasquino de Zara
2 gotas de angostura

Ponga en la coctelera cubitos de hielo, añada los ingredientes y agite bien durante unos segundos.
Sirva con una corteza de limón.

Gurko cóctel

 aperitivo

3/10 de vermú seco
3/10 de ginebra
3/10 de curaçao orange
1/10 de brandy de melocotón
2 golpes de bitter de naranja

En la coctelera, con hielo en cubitos, vierta los ingredientes, agite brevemente y sirva con una corteza de limón.

Hawaii cóctel

 aperitivo

5/10 de vermú clásico blanco
4/10 de ron de Jamaica
1/10 de jerez brandy

Vierta los ingredientes en la coctelera con el hielo en cubitos. Agite brevemente y sirva con una corteza de limón.

Hawaiian brandy

 grandes ocasiones y fiestas

2/3 de brandy de manzana
1/3 de jarabe de piña
1 cucharada de marrasquino
1 cucharada de zumo de limón

Vierta los ingredientes en el mezclador con hielo picado, mezcle brevemente y sirva en copas de cóctel ya frías.

Healthy cóctel

 digestivo

8/10 de quina
2/10 de anisete
2 gotas de angostura

Vierta en la coctelera los ingredientes con hielo en cubitos. Agite brevemente y sirva con una corteza de limón.

Heidelberg cóctel

 tónico y excitante

2/5 de crema de moka
1/5 de ron
2/5 de nata

Vierta todos los ingredientes en la coctelera con el hielo en cubitos, agite durante unos segundos y sirva; adorne espolvoreando nuez moscada.

Heligoland cóctel

 energético y euforizante

2/5 de crema de plátano
1/5 de ron
2/5 de nata

Ponga en la coctelera todos los ingredientes con unos cubitos de hielo y agite durante unos segundos.
   Sirva en copas de cóctel y espolvoree nuez moscada.

Hennessy cóctel

 contra el frío

5/10 de coñac Hennessy
4/10 de vermú seco
1/10 de curaçao blanco
1 gota de angostura

Vierta los ingredientes en la coctelera con unos cubitos de hielo.
   Agite brevemente y sirva con una corteza de limón.

Heredia cóctel

 aperitivo

5/10 de vermú seco
3/10 de ginebra
2/10 de Parfait Amour
2 gotas de angostura

Agite todos los ingredientes en la coctelera con unos cubitos de hielo. Sirva con una cereza confitada.

Huerta cóctel

 contra el frío

5/10 de caña (grappa americana)
3/10 de vermú seco
2/10 de jerez brandy

Prepare esta bebida en la coctelera con hielo en cubitos. Vierta los ingredientes, agite brevemente y sirva en copas globo adornadas con una cereza confitada.

Iberia cóctel

 contra el frío

5/10 de coñac añejo
2/10 de aguardiente de anís
2/10 de zumo de limón
1/10 de jarabe de fresa
2 golpes de bitter de naranja

Vierta los ingredientes en la coctelera, añada hielo en cubitos y agite durante unos segundos. Sirva con una corteza de limón.

I.B.U. cóctel

 grandes ocasiones y fiestas

1/4 de aguardiente
1/4 de brandy de albaricoque
cava brut

Prepare este cóctel en la coctelera con hielo en cubitos. Agite bien los ingredientes, cuele en flautas y termine de llenarlas con cava frío.

Iceberg *(Iceberg cocktail)*

 aperitivo

4/10 de ginebra
3/10 de vermú blanco
2/10 de jarabe de horchata
1/10 de zumo de limón

Agite brevemente los ingredientes en la coctelera con unos cubitos de hielo. Sirva en copa globo con una cereza confitada.

Idea cóctel

 aperitivo

5/10 de ginebra
4/10 de vermú clásico
1/10 de grappa
3 golpes de marrasquino

Vierta los ingredientes en la coctelera con hielo en cubitos, agite brevemente y sirva de inmediato en copas de cóctel.

Imperial cóctel

 aperitivo

1/2 de vermú seco
1/2 de ginebra

1 golpe de marrasquino
1 gota de angostura

Vierta los ingredientes en la coctelera con unos cubitos de hielo, agite brevemente y sirva en copas de cóctel.

Imperial gin

 aperitivo

5/10 de ginebra
3/10 de vermú clásico
2/10 de brandy de albaricoque
2 gotas de angostura

Prepare este aperitivo agitando los ingredientes en la coctelera con hielo en cubitos.
 Sirva con una corteza de limón.

In hoc vinces

 aperitivo

6/10 de vermú seco
1/10 de Grand Marnier
1/10 de coñac añejo
1/10 de curaçao blanco
1/10 de bitter de melocotón
3 gotas de angostura

Vierta los ingredientes en la coctelera con unos cubitos de hielo, agite enérgicamente durante unos segundos y sirva con una cereza confitada.

Indianápolis cóctel

 grandes ocasiones y fiestas

3/10 de ron de Jamaica
3/10 de arak Indian
2/10 de zumo de naranja
1/10 de curaçao orange
1/10 de jarabe de azúcar
3 golpes de bitter de naranja

Vierta en la coctelera todos los ingredientes con hielo en cubitos. Agite enérgicamente durante unos segundos y sirva con una corteza de naranja.

Indostán cóctel

 contra el frío

1/2 de buen coñac
1/2 de oporto blanco
1 cucharadita de salsa Worcestershire

Vierta los ingredientes en la coctelera con unos cubitos de hielo. Agite brevemente y sirva en una copa globo acompañada de una ostra fresca como tapa.

International cóctel

 contra el frío

1/2 de buen coñac
1/2 de Chartreuse
1 cucharada de jarabe de piña
1 golpe de ginebra

Agite en la coctelera todos los ingredientes con unos cubitos de hielo. Sirva en copa globo decorada con una corteza de limón.

Iride cóctel

 grandes ocasiones y fiestas

5/10 de vermú clásico
3/10 de ron Negrita
1/10 de kummel
1/10 de buen coñac
4 gotas de angostura

Vierta los ingredientes en la coctelera con hielo en cubitos, agite durante unos segundos y sirva con una corteza de limón.

Iridea

 digestivo

5/10 de ajenjo
3/10 de agua
2/10 de anisete
1 gota de angostura

Vierta en la coctelera todos los ingredientes con el hielo en cubitos.
Agite brevemente y sirva con una cáscara de limón.

Isabelita cóctel

 aperitivo

2/3 de ginebra
1/3 de vermú clásico
1/2 cucharadita de granadina
1 cucharadita de zumo de naranja

Vierta los ingredientes en la coctelera con unos cubitos de hielo, agite brevemente y sirva en copas de cóctel.

Japanese marrasquino

 contra el frío

9/10 de coñac
1 golpe de jarabe de horchata
4 golpes de angostura
1 golpe de marrasquino

Prepare en la coctelera con unos cubitos de hielo y sirva con una corteza de limón.

Japanese seltz

 refrescante

7/10 de seltz
1/10 de jarabe de azúcar
1/10 de marrasquino
1/10 de curaçao blue
2 gotas de angostura

Agite en el mezclador los ingrediente con unos cubitos de hielo. Sirva con una corteza de limón.

Jefferson cóctel

 contra el frío

4/10 de buen coñac
4/10 de vermú seco
1/10 de jerez brandy
1/10 de ron de Jamaica
2 gotas de angostura

Prepare esta bebida en la coctelera con hielo en cubitos. Agite brevemente los ingredientes y sirva con una corteza de limón.

Jersey

 contra el frío

1/2 de Chartreuse verde
1/2 de coñac

Vierta los ingredientes directamente en copas de licor.

Jersey cocktail

 relajante

9/10 de sidra
1/10 de jarabe de azúcar
1 cucharada de angostura

Vierta en la coctelera todos los ingredientes con hielo en cubitos y sirva con una aceituna o una cereza confitada.

Jockey club kermann

 aperitivo

3/10 de vermú seco
3/10 de ginebra
3/10 de Liqueur du père Kermann
1/10 de curaçao orange
2 gotas de angostura

Vierta los ingredientes en la coctelera con unos cubitos de hielo, agite vigorosamente durante unos segundos y sirva con un pedacito de cidra.

Jockey's calvados

 refrescante

3/10 de calvados
2/10 de vermú seco
2/10 de vermú clásico

2/10 de ginebra
1/10 de zumo de naranja

Agite todos los ingredientes en la coctelera con unos cubitos de hielo. Sirva con una cáscara de limón.

Kado koi

 aperitivo

5/10 de Cordial Campari
3/10 de vermú seco
2/10 de ron de Martinica
2 gotas de angostura

Prepare este aperitivo en la coctelera con unos cubitos de hielo. Agite brevemente los ingredientes y sirva en copas de cóctel decoradas con corteza de limón.

Kamimura cóctel

 aperitivo

4/10 de vermú clásico
3/10 de ginebra
2/10 de bitter Cinzano
1/10 de curaçao blanco seco

Agite todos los ingredientes en la coctelera con hielo en cubitos. Sirva en copas de cóctel decoradas con corteza de limón.

Karageorgevich cóctel

 refrescante

5/10 de Bacardí
3/10 de vermú clásico

1/10 de jarabe de frambuesa
1/10 de zumo de limón
2 golpes de bitter de naranja

Vierta los ingredientes en la coctelera con hielo en cubitos. Agite durante unos segundos y sirva en copas de cava con gajitos de naranja.

Kendal cóctel

 aperitivo

5/10 de vermú seco
4/10 de licor de enebro
1/10 de Grand Marnier
2 golpes de bitter de naranja

Agite durante unos segundos en la coctelera todos los ingredientes con hielo en cubitos. Sirva en copas de cava rebordeadas con limón y azúcar. Decore con una cereza confitada.

Kina cóctel

 aperitivo

1/2 de ginebra
1/4 de quina
1/4 de vermú blanco

Agite en la coctelera los ingredientes con el hielo en cubitos durante unos segundos. Sirva en copas de cóctel adornadas con una corteza de limón.

Kingstone cóctel

 grandes ocasiones y fiestas

1/3 de ron de Jamaica
1/3 de curaçao orange
1/6 de granadina
1/6 de zumo de limón

En la coctelera agite todos los ingredientes con unos cubitos de hielo, sirva de inmediato en copas de cóctel.

Kinkajou cóctel

 grandes ocasiones y fiestas

1/3 de ron de Jamaica
1/3 de jarabe de piña
1/3 de curaçao orange

Ponga en la coctelera todos los ingredientes con unos cubitos de hielo, agite vigorosamente y sirva en copas de cóctel.

Knock-out

 refrescante

3/10 de ajenjo
3/10 de ginebra
3/10 de vermú seco
1 cucharada de crema de menta

En la coctelera agite brevemente los ingredientes con unos cubitos de hielo y sirva en vaso alto con una corteza de limón.

Ko-hi-nor

 grandes ocasiones y fiestas

4/10 de oporto blanco
3/10 de vermú clásico

2/10 de Gran Cru
1/10 de curaçao orange
2 gotas de angostura

Agite brevemente en la coctelera todos los ingredientes con unos cubitos de hielo. Sirva en flautas adornadas con cáscara de limón.

Kola cóctel

 digestivo

9/10 de Dubonnet
1 golpe de licor de genciana
2 golpes de zumo de limón
2 golpes de jarabe de azúcar

En la coctelera ponga algunos cubitos de hielo, añada los ingredientes y agite unos segundos.
    Sirva en copas de cava adornadas con corteza de limón.

Kola-kina cóctel

 relajante

3/5 de quina
2/5 de marsala
1 cucharada de cola granulada

Vierta en la coctelera los ingredientes con unos cubitos de hielo, agite durante unos segundos y sirva en copas de vinos especiales.

Kola dubonnet

 aperitivo

9,5/10 de Dubonnet
0,5/10 de quina
1 cucharada de cola granulada

Vierta en la coctelera los ingredientes, añada unos cubitos de hielo y agite brevemente.
 Sirva en copas de cóctel.

Kola king

 grandes ocasiones y fiestas

5/10 de vermú seco
3/10 de Byrrh
2/10 de arak de Batavia
1 cucharadita de cola granulada
3 gotas de angostura

Ponga en la coctelera hielo en cubitos, añada los ingredientes, agite durante unos segundos, sirva en vasos altos y decore con una cereza confitada.

Kola ovomaltine

 energético y euforizante

9/10 de vermú Carpano
1 cucharada de ovomaltina disuelta en un poco de agua
1 cucharada de cola granulada

Vierta en la coctelera los ingredientes con el hielo en cubitos, agite brevemente y sirva en copas globo.

La Fayette cóctel

 grandes ocasiones y fiestas

1/2 de Amer Picon
1/2 de quina

Prepare el cóctel en la coctelera con unos cubitos de hielo.
 Agite brevemente los ingredientes y sirva en copas de cóctel.

Ladies gin

 energético y euforizante

3/10 de agua mineral natural
3/10 de kirsch o de ginebra
2/10 de curaçao
2/10 de menta verde
1 cucharadita de jarabe de azúcar

Vierta en la coctelera los ingredientes, añada cubitos de hielo y agite durante unos segundos. Sirva en copas de cava y adorne con media rodaja de naranja.

Ladies pippermint

 energético y euforizante

3/10 de pippermint
2/10 de Chartreuse verde
2/10 de ginebra
1,5/10 de jarabe de azúcar
1,5/10 de agua mineral

Vierta los ingredientes en la coctelera con hielo en cubitos, agite brevemente y sirva en copas globo.

Lamartine cóctel

 relajante

1/2 de vermú clásico
1/2 de agua de Danzig
4 gotas de angostura

Agite brevemente en la coctelera los ingredientes con unos cubitos de hielo. Sirva en copas de cóctel bordeadas de azúcar.

Lancia cóctel

  grandes ocasiones y fiestas

5/10 de vermú clásico
3/10 de ginebra
2/10 de brandy de melocotón
3 golpes de vainilla
3 golpes de bitter de naranja

En la coctelera agite enérgicamente los ingredientes con hielo en cubitos unos segundos y sirva con un pedacito de piña.

Languedoc

 digestivo

1/3 de gin Lassy SIS
1/3 de grappa moscato Orso Bruno
1/6 de triple sec
1/6 de menta alpina verde
unas gotas de zumo de limón

Prepare este digestivo en la coctelera con unos cubitos de hielo. Agite enérgicamente durante unos segundos los ingredientes y sirva en copas de cóctel.

Last resort

  energético y euforizante

2/3 de oporto
1/3 de brandy
1 cucharada de azúcar
1 yema de huevo

Mezcle bien los ingredientes en el mezclador con hielo picado. Después de agitar, sirva en copas de vinos especiales ya frías.
Puede acompañar este preparado con avellanas.

Le monnier

  aperitivo

5/10 de vermú seco
4/10 de licor de enebro
1/10 de ron Negrita
3 gotas de angostura

Prepare este aperitivo en la coctelera con hielo en cubitos. Agite con vigor los ingredientes y sirva con una corteza de limón.

Le roi des cocktails

  aperitivo relajante

5/10 de vermú seco
4/10 de ginebra
1 cucharadita de vermú clásico
2 golpes de bitter de naranja
1 golpe de ajenjo

Vierta todos los ingredientes en la coctelera con el hielo en cubitos y agite enérgicamente.
Bordee las copas de cóctel con azúcar y sirva con una cereza macerada en aguardiente y una corteza de limón.

Le super

 energético y euforizante

4/10 de vermú blanco
3/10 de coñac al huevo
2,5/10 de coñac añejo
0,5/10 de crema de mandarina

Ponga en la coctelera los cubitos de hielo, incorpore los ingredientes y agite durante unos segundos. Sirva en copas globo y espolvoree una pizca de cacao.

Leistikow's cóctel

 aperitivo

8/10 de ginebra
1/10 de zumo de limón
2 cucharaditas de vermú Cinzano
1 cucharadita de curaçao triple sec
1 cucharadita de vermú seco

Agite brevemente los ingredientes en la coctelera con unos cubitos de hielo. Sirva con una gruesa aceituna sevillana y una corteza de limón.

Lemon cóctel

 sin alcohol

3/4 de zumo de limón
3/4 de zumo de naranja
1 cucharadita de azúcar

Vierta los ingredientes en la coctelera con unos cubitos de hielo, agite enérgicamente durante unos segundos y sirva en copa globo.

Liberty cóctel

 digestivo

1/2 de coñac
1/2 de Cointreau
2 gotas de angostura

Agite en la coctelera los ingredientes con el hielo en cubitos. Sirva con una cereza confitada.

Lillian Russel

 energético y euforizante

1/3 de crema de rosas
1/3 de crema de violetas
1/3 de nata

Vierta directamente en copas de *pousse-café* los ingredientes en el orden establecido, de forma que se mantengan separados los colores.

Lone tree cooler

 refrescante

2/3 de ginebra
1/3 de vermú
el zumo de 1/2 limón
el zumo de 1/2 naranja
2 cucharaditas de granadina
seltz

En la coctelera agite vigorosamente los ingredientes con unos cubitos de hielo; cuele en vasos altos y termine de llenarlos con seltz.

Lonesome fizz

 refrescante

8/10 de aguardiente
2 cucharadas de jarabe de azúcar
el zumo de 1 naranja
seltz

En la coctelera, con unos cubitos de hielo, agite enérgicamente los ingredientes durante dos minutos. Sirva en vaso grande y termine de llenarlo con seltz.

Loren al gin

 refrescante

6/10 de ginebra
2/10 de ginger ale
1/10 de zumo de limón
1/10 de granadina

Ponga en la coctelera unos cubitos de hielo.
Añada los ingredientes, agite y sirva en vasos altos.

Los Ángeles cóctel

 aperitivo

4/10 de vermú clásico
3/10 de bitter Luculliano
3/10 de ginebra

Agite enérgicamente en la coctelera todos los ingredientes con el hielo en cubitos.
Sirva con una cáscara de limón.

Louisiana flip

 aperitivo
grandes ocasiones y fiestas

8/10 de Bacardí
1 yema de huevo
1 cucharadita de granadina
1 cucharadita de zumo de naranja
1 cucharadita de triple sec

Vierta en la coctelera los ingredientes con el hielo en cubitos. Agite vigorosamente unos segundos y sirva en flautas.

Lovers dream

 sin alcohol
energético y euforizante

1 huevo
2 cucharaditas de azúcar
el zumo de 1/2 limón
ginger ale

Vierta los ingredientes directamente en un vaso alto, agite con la cucharilla de bar y termine de llenar con ginger ale.

Loving cóctel

 energético y euforizante
grandes ocasiones y fiestas

2/5 de buen coñac
2/5 de oporto
2 cucharaditas de azúcar
1 yema de huevo

Vierta en la coctelera el azúcar y la yema de huevo, agite para amalgamar bien y añada el coñac, el oporto y unos cubitos de hielo. Agite de nuevo la coctelera, sirva y espolvoree nuez moscada.

Macalle cóctel

 aperitivo

5/10 de Select
3/10 de Cinzanino
1/10 de coñac añejo
1/10 de quina
1 golpe de Bitter Campari

Vierta los ingredientes en la coctelera con unos cubitos de hielo, agite enérgicamente unos segundos y sirva con una cereza confitada.

Macao cóctel

 aperitivo
grandes ocasiones y fiestas

4/10 de vermú seco
3/10 de ginebra
2/10 de Chartreuse verde
1/10 de agua de Danzig
3 gotas de angostura

Agite enérgicamente los ingredientes en la coctelera con unos cubitos de hielo. Sirva con una corteza de limón.

Maccarthy cóctel

 relajante

5/10 de vermú clásico
3/10 de ginebra
2/10 de elixir de manzanilla
3 gotas de angostura

Agite enérgicamente todos los ingredientes en la coctelera con unos cubitos de hielo. Sirva con una corteza de limón.

Macdonald cóctel

 aperitivo
grandes ocasiones y fiestas

5/10 de rye whisky
4/10 de vermú seco
1/10 de Bénédictine
4 gotas de angostura

Vierta todos los ingredientes en la coctelera con unos cubitos de hielo y agite enérgicamente unos segundos.
Sirva en copas de cóctel con una corteza de limón.

Variante n.º 1

 aperitivo
grandes ocasiones y fiestas

5/10 de vermú seco
3/10 de rye whisky
2/10 de curaçao orange
5 gotas de angostura

Ponga en la coctelera el hielo en cubitos, añada los ingredientes y agite bien.
Sirva en copas de cóctel con una corteza de limón.

Variante n.º 2

 aperitivo

4,5/10 de whisky
4,5/10 de vermú clásico
1/10 de curaçao
3 gotas de angostura

Vierta en la coctelera los ingredientes con unos cubitos de hielo, agite bien y sirva con una corteza de limón.

Manhattan Cointreau
(Manhattan Cointreau cocktail)

 refrescante

2/5 de vermú clásico
2/5 de whisky
1 cucharadita de curaçao orange
1 cucharadita de Cointreau
5 gotas de angostura

Ponga en la coctelera hielo en cubitos, añada los ingredientes, agite unos segundos y sirva con una cereza confitada.

Manhattan marrasquino

 refrescante

2/5 de vermú seco
2/5 de vermú clásico
1/5 de rye whisky
2 golpes de marrasquino o curaçao

Vierta en la coctelera los ingredientes con el hielo en cubitos. Agite brevemente y sirva con una corteza de limón.

Manhattan nebbiolo cooler

 relajante

8/10 de vino tinto Nebbiolo
2/10 de zumo de limón
3 golpes de ron de Jamaica
1 cucharadita de jarabe de azúcar
seltz

Agite los ingredientes con el hielo en cubitos; cuele en vasos altos y acabe de llenar con seltz.

Manhattan vermú

 aperitivo

2/5 de vermú clásico
2/5 de rye whisky
2 golpes de crema de noyó
2 golpes de curaçao
2 gotas de angostura

Vierta en la coctelera los ingredientes con el hielo en cubitos, agite con vigor durante unos segundos y sirva con una corteza de limón.

Manhattan whisky

 aperitivo

1/2 de whisky Canadian Club
1/4 de vermú seco
1/4 de vermú clásico
2 gotas de angostura bitter

Vierta los ingredientes con el hielo en cubitos en la coctelera, agite enérgicamente y sirva con una corteza de limón.

Manuela

 aperitivo

1/3 de ginebra Lassy SIS
1/3 de triple sec
1/3 de menta alpina blanca
unas gotas de limón

Vierta los ingredientes en la coctelera con unos cubitos de hielo. Agite bien durante unos segundos y sirva de inmediato en copas de cóctel.

Maragato cóctel

 refrescante

1/5 de Bacardí
1/5 de vermú seco
1/5 de vermú clásico
1 golpe de kirsch
el zumo de 1/2 limón
el zumo de 1/2 lima
1 cucharada de azúcar en polvo
seltz

Vierta todos los ingredientes en la coctelera con unos cubitos de hielo; agite enérgicamente unos segundos, sirva en vasos altos y acabe de llenarlos con seltz.

Mejicano

 aperitivo
grandes ocasiones y fiestas

3/6 de whisky escocés House of Lords
2/6 de vodka Stolichnaja
1/6 de zumo e limón
1 cucharadita de azúcar
4 gotas de angostura

Vierta en la coctelera los ingredientes con el hielo en cubitos y agite brevemente; sirva de inmediato en copas de cóctel.

Melozzo da Forlí

 aperitivo

5/10 de vermú clásico
3/10 de ginebra
1/10 de crema de grosella
1/10 de caloric punch
2 gotas de angostura

Ponga en la coctelera unos cubitos de hielo, vierta los ingredientes y agite unos segundos. Sirva con una aceituna.

Mercedes cóctel

 refrescante
grandes ocasiones y fiestas

5/10 de vermú seco
3/10 de arak de Batavia
2/10 de brandy de melocotón
1 gota de angostura

Vierta en la coctelera los ingredientes con el hielo en cubitos y agite enérgicamente durante unos segundos. Sirva con una cereza confitada.

Mercier cóctel

 aperitivo

7/10 de cava brut
1/10 de curaçao orange
1/10 de marrasquino de Zara
1/10 de kirsch
4 gotas de angostura

En la coctelera vierta el curaçao orange, el marrasquino, el kirsch y la angostura. Agite brevemente, sirva en flautas y acabe de llenarlas con cava brut. Decore con una corteza de limón.

Messalina cóctel

 relajante

5/10 de buen coñac
4/10 de crema de cacao

1/10 de zumo de limón
2 gotas de angostura

Vierta los ingredientes en la coctelera, añada cubitos de hielo y agite enérgicamente durante unos segundos. Sirva en copas de cóctel bordeadas con limón y azúcar. Adorne con una cereza confitada.

Metropolitan cóctel

 grandes ocasiones y fiestas

2/5 de coñac
2/5 de poully
1 cucharadita de jarabe de azúcar
2 gotas de angostura

Agite brevemente los ingredientes con unos cubitos de hielo. Sirva con una cáscara de limón.

México 86

 refrescante

4/10 de Bacardí blanco
3/10 de zumo de naranja
1/10 de ron oscuro
1/10 de zumo de papaya
1/10 de zumo de kiwi

Ponga en la coctelera todos los ingredientes, añada unos cubitos de hielo, agite vigorosamente durante unos instantes y vierta en *old fashions*.

Modernísimo cóctel

 aperitivo

8/10 de buen coñac
1/10 de zumo de limón
1/10 de jarabe de azúcar
2 gotas de angostura

En la coctelera agite brevemente los ingredientes con el hielo en cubitos. Sirva de inmediato y adorne con una aceituna.

Modus vivendi

 aperitivo

1/2 de ginebra
1/2 de jerez
3 gotas de angostura

Agite enérgicamente en la coctelera todos los ingredientes con el hielo en cubitos. Sirva con una aceituna negra.

Moka Spitzberg

 energético y euforizante

1/2 tacita de nata
3 tacitas de café

En la coctelera, con hielo en cubitos, agite vigorosamente los ingredientes durante unos dos minutos; sirva en vasos altos.

Montana brandy

 aperitivo

1/3 de brandy
1/3 de vermú seco
1/3 de oporto

Remueva enérgicamente en el mezclador los ingredientes con hielo picado y sirva en copas de cóctel ya frías.

Monte rosa

 relajante

2/3 de ginebra
1/3 de zumo de frambuesa
el zumo de 1/2 limón
cava brut

Agite brevemente los ingredientes en la coctelera con algunos cubitos de hielo, sirva en flautas y termine de llenarlas con cava brut.

Montpellier

 energético y euforizante

1/2 de whisky escocés King's
1/4 de grappa moscato Orso Bruno
1/4 de crema de cacao clara

Vierta los ingredientes en la coctelera con unos cubitos de hielo, agite brevemente y sirva en copas de cóctel.

Morning glory

 aperitivo
contra el frío

7,5/10 de whisky
2/10 de coñac
0,5/10 de jarabe de azúcar
2 golpes de curaçao blanco
1 gota de angostura
1 golpe de ajenjo

Agite enérgicamente en la coctelera los ingredientes y unos cubitos de hielo durante unos segundos. Sirva el «Morning glory cocktail» en copas de cóctel.

Muyscas cóctel

 aperitivo

5/10 de ginebra
4/10 de ron de Martinica
1/10 de jarabe de tamarindo
3 gotas de angostura

Prepare este aperitivo en la coctelera con hielo en cubitos, agite bien los ingredientes y sirva en copas de cóctel con una corteza de limón.

Nachtigall cóctel

 energético y euforizante

5/10 de coñac
3/10 de nata
2/10 de crema de moka

Vierta todos los ingredientes en la coctelera con hielo en cubitos.
Agite brevemente y sirva con un grano de café.

Nagasaki cóctel

 grandes ocasiones y fiestas

5/10 de vermú seco
4/10 de licor de enebro
1/10 de marrasquino
4 gotas de angostura

Vierta en la coctelera los ingredientes con el hielo en cubitos, agite con energía durante unos segundos y sirva con una corteza de limón.

Nage cóctel

 grandes ocasiones y fiestas

1/2 de vermú seco
1/2 de arak de Batavia
3 golpes de curaçao blanco

Agite brevemente todos los ingredientes en la coctelera con el hielo en cubitos. Sirva con una corteza de limón.

Nancy cóctel

 grandes ocasiones y fiestas

4/10 de brandy de albaricoque
4/10 de coñac añejo
1/10 de zumo de limón
1/10 de granadina
3 golpes de bitter de naranja

Ponga en la coctelera cubitos de hielo, vierta los ingredientes, agite enérgicamente y sirva en copas de cava con una cereza confitada.

Napoleón *(Napoleon's cocktail)*

 digestivo

9/10 de ginebra
1 golpe de Fernet Branca
1 golpe de curaçao
1 golpe de Dubonnet

Agite brevemente los ingredientes en la coctelera con un poco de hielo en cubitos. Sirva con una cáscara de limón.

Variante n.º 1

 contra el frío

1/2 de Bénédictine
1/2 de coñac añejo

Vierta en la coctelera los ingredientes con el hielo en cubitos, agite brevemente y sirva en copas de cóctel.

New 1920

 relajante

1/2 de rye whisky
1/4 de vermú clásico
1/4 de vermú seco
1 golpe de bitter de naranja

Vierta los ingredientes en la coctelera con hielo en cubitos y agite enérgicamente. Sirva con una cáscara de limón.

New Orleans fizz

 energético y euforizante

8/10 de ginebra
3 cucharaditas de nata
3 cucharaditas de jarabe de azúcar
el zumo de 1/2 limón
seltz

Ponga en la coctelera los ingredientes con hielo, agite vigorosamente durante

1 o 2 minutos, sirva en copas de cava y termine de llenarlas con seltz.

Newburry cóctel

 aperitivo

2/3 de ginebra
1/3 de vermú clásico
3 golpes de curaçao orange
1 corteza de limón
1 corteza de naranja

Ponga en la coctelera los cubitos de hielo, añada los ingredientes, agite bien y sirva en copas de cóctel.

Newcastle cóctel

 aperitivo

4/10 de vermú clásico
4/10 de ginebra
1/10 de crema de noyó
1/10 de anisete
3 gotas de angostura

Vierta los ingredientes en la coctelera con hielo en cubitos. Agite vigorosamente durante unos segundos y sirva.

Niam niam

 contra el frío

1/4 de vermú seco
1/4 de curaçao orange
1/4 de ron de Jamaica
1/4 de ginebra
2 gotas de angostura

Agite enérgicamente los ingredientes con hielo en cubitos. Sirva con una corteza de limón.

Nicomaco cóctel

 refrescante

4/10 de sidra
2/10 de ginebra
2/10 de Parfait Amour
1/10 de curaçao blanco
1/10 de anís
3 gotas de angostura

Vierta en la coctelera los ingredientes con hielo en cubitos, agite bien durante unos segundos y sirva en vasos altos decorados con una cáscara de limón.

Niels cóctel

 aperitivo

7/10 de vermú seco
3/10 de ginebra

Ponga en la coctelera unos cubitos de hielo, vierta la ginebra y el vermú seco, agite durante unos segundos y sirva con una aceituna verde.

Night cap

 energético y euforizante

1/3 de brandy
1/3 de anisete
1/3 de curaçao
1 yema de huevo

Vierta los ingredientes en el mezclador con hielo picado y mezcle enérgicamente durante unos segundos. Sirva en copas de cóctel ya frías.

Odeón *(Odeon cocktail)*

 relajante

1/2 de vermú seco
1/2 de coñac

Agite vigorosamente en la coctelera los ingredientes con el hielo en cubitos. Sirva en copas de cóctel con corteza de limón.

Odessa cóctel

 aperitivo

1/4 de vermú clásico
1/4 de ginebra
1/4 de Cordial Campari
1/4 de arak de Batavia
2 gotas de angostura

Vierta en la coctelera los ingredientes con hielo en cubitos, agite con energía durante unos segundos y sirva en copas de cóctel decoradas con una cereza confitada.

O'Higgins cóctel

 relajante contra el frío

5/10 de marrasquino Luxardo
4/10 de vermú seco
1/10 de vodka
3 gotas de angostura

Vierta en la coctelera los ingredientes con hielo en cubitos; después de agitar enérgicamente, sirva y decore con una corteza de limón.

Ohio cóctel

 grandes ocasiones y fiestas

9/10 de cava
4 gotas de angostura

Se prepara directamente en flautas para no estropear las burbujas del cava.

Variante n.º 1

 grandes ocasiones y fiestas

1/5 de vermú clásico
1/5 de aguardiente
1 golpe de angostura
cava brut

Vierta en el mezclador todos los ingredientes con unos cubitos de hielo y mezcle bien.
Cuele en flautas llenas de cava frío y adorne con una cereza y un gajito de naranja.

Variante n.º 2

 grandes ocasiones y fiestas

1/5 de vermú clásico
1/5 de triple sec
1/5 de whisky canadiense
1 gota de angostura
cava brut

Mezcle bien los ingredientes en el mezclador con unos cubitos de hielo. Cuele en flautas y termine de llenar con cava frío.

Ojo de buey

 energético y euforizante

5/10 de marsala
5/10 de cava dulce
1 yema de huevo

Prepare esta bebida vertiendo directamente en las copas el marsala y la yema de huevo. Acabe de llenarlas con el cava dulce.

Olimpia cóctel

  energético y euforizante

5/10 de crema de plátano
3/10 de nata
2/10 de coñac añejo

Ponga en la coctelera cubitos de hielo, vierta los ingredientes y agite durante unos segundos.
Sirva en copas globo y salpique con cacao.

Olímpico cóctel

  contra el frío

3/10 de vermú seco
3/10 de ginebra
2/10 de Grand Marnier
2/10 de ron de Martinica

Agite vigorosamente en la coctelera los ingredientes con unos cubitos de hielo. Sirva en copas de cóctel con cerezas confitadas.

Olympic cóctel

  aperitivo

1/2 de aguardiente
1/4 de zumo de naranja
1/4 de curaçao orange

Ponga en la coctelera unos cubitos de hielo, añada los ingredientes, agite enérgicamente durante unos segundos y sirva en copas de cóctel.

Omegna cóctel

  relajante

5/10 de vermú blanco
4/10 de ginebra
1/10 de crema de rosas

Vierta el vermú blanco, la ginebra y la crema de rosas en la coctelera, añada el hielo en cubitos, agite bien durante unos segundos y sirva con una corteza de limón.

Omium cóctel

  relajante

8/10 de vermú seco
1 cucharada de azúcar
4 golpes de marrasquino
3 gotas de angostura

Agite vigorosamente en la coctelera los ingredientes con unos cubitos de hielo. Sirva en copas de vinos especiales con una corteza de limón.

Once more

 relajante contra el frío

5/10 de vermú seco
3/10 de kirsch
2/10 de crema de mandarina
2 gotas de angostura

Prepare el cóctel en la coctelera con unos cubitos de hielo. Agite brevemente los ingredientes y sirva en copas de cóctel.

Opal cóctel

 digestivo

5,5/10 de crema de menta
3/10 de ajenjo
1/10 de jarabe de goma
0,5/10 de marrasquino

Agite bien todos los ingredientes en la coctelera con unos cubitos de hielo. Sirva inmediatamente en copas de cóctel.

Variante n.º 1

 grandes ocasiones y fiestas

6/10 de Bacardí
2/10 de marrasquino
1/10 de zumo de limón
1/10 de zumo de naranja
2 gotas de angostura

Ponga en la coctelera los ingredientes y unos cubitos de hielo, agite brevemente y sirva con un gajo de naranja.

Opening cóctel

 aperitivo

1/2 de whisky Canadian Club
1/4 de vermú clásico
1/4 de granadina

Vierta los ingredientes en la coctelera con el hielo en cubitos. Agite vigorosamente durante unos segundos y sirva en copas de cóctel.

Ópera cóctel

 aperitivo

3/5 de ginebra
1/5 de marrasquino
1/5 de Dubonnet

En la coctelera agite enérgicamente los ingredientes con el hielo en cubitos. Sirva en copas de cóctel adornadas con cáscara de naranja.

Oporto cóctel *(Oporto cocktail)*

 digestivo

9/10 de oporto blanco
2 golpes de curaçao orange
2 gotas de angostura

Ponga en la coctelera unos cubitos de hielo y los ingredientes, agite enérgicamente durante unos segundos y sirva en copas de vinos especiales.

Orange blossom

 aperitivo

1/2 de zumo de naranja
1/2 de ginebra

Agite brevemente los ingredientes en la coctelera con hielo en cubitos. Sirva en copas de cóctel.

Orange cóctel

 contra el frío

2/5 de Cointreau
2/5 de Grand Marnier
el zumo de 1/2 limón

Vierta en la coctelera los ingredientes, añada algunos cubitos de hielo y agite bien unos segundos.
Sirva en copas de cóctel con una corteza de naranja.

Orange cooler

 sin alcohol

el zumo de 1 naranja
1 cucharadita de jarabe de azúcar
ginger ale

Prepare la bebida directamente en un vaso alto, añada algunos cubitos de hielo, mezcle y termine de llenar con ginger ale.

Padovanino cóctel

 refrescante

6/10 de ginebra
3/10 de zumo de limón
1/10 de jarabe de piña
2 gotas de angostura

Prepare el cóctel en la coctelera con hielo en cubitos. Agite los ingredientes enérgicamente durante unos segundos. Sirva con una corteza de limón.

Palmetto cóctel

 refrescante

7/10 de ron
3/10 de vermú Cinzano
1 gota de angostura
1 golpe de bitter de naranja

Ponga en la coctelera hielo en cubitos y vierta los ingredientes, agite brevemente y, tras haber adornado el borde del vaso alto con limón y azúcar, sirva con una cáscara de naranja.

Palmyra cóctel

 refrescante
grandes ocasiones y partes

5/10 de ginebra
4/10 de agua de coco
1/10 de marrasquino

Vierta los ingredientes en la coctelera con hielo en cubitos. Agite enérgicamente durante unos segundos. Sirva con un pedacito de coco.

Panamá

 Refrescante

1/2 de brandy
1/4 de triple sec
1/4 de jarabe de naranja

Vierta todos los ingredientes en un vaso mezclador y añada algunos cubitos de hielo.
Remueva con cuidado durante unos instantes y sírvalo en copas de cava.

Panciolina

 refrescante

1/2 de old brandy Cavalino Rosso
1/4 de triple sec
1/4 de jarabe de naranja

Vierta los ingredientes en el mezclador, añada unos cubitos de hielo, mezcle bien durante unos segundos y sirva en copas de cava.

Pantera rosa

 refrescante

2/5 de ginebra
1/5 de zumo de piña
1/5 de zumo de limón
1/5 de granadina

Vierta en la coctelera los ingredientes, añada unos cubitos de hielo y agite brevemente.
Sirva en *old fashions* con pedacitos de piña y fresas.

Paradise cóctel

 aperitivo

1/2 de ginebra
1/4 de brandy de albaricoque
1/4 de zumo de naranja

Agite los ingredientes en la coctelera con hielo en cubitos. Sirva en copas de cóctel.

Variante n.º 1

 refrescante

1/2 de zumo de naranja
1/2 de brandy de albaricoque
1 golpe de limón

Vierta los ingredientes en la coctelera con hielo en cubitos y agite durante unos segundos. Sirva con una cáscara de naranja.

Paradise fizz

 refrescante

5/10 de brandy de albaricoque
4/10 de ginebra
1/10 de zumo de limón
seltz

Agite los ingredientes con hielo en cubitos durante dos minutos, sirva en vaso alto y termine de llenarlo con seltz.

Perfection cóctel

 aperitivo

4/10 de vermú clásico
3/10 de jerez
3/10 de whisky

Ponga en la coctelera cubitos de hielo, vierta los ingredientes, agite con vigor durante unos segundos y sirva en copas de vinos especiales con cáscara de limón.

Pernod cóctel

 refrescante

6/10 de Pernod
3/10 de agua mineral
1/10 de curaçao blanco

Agite todos los ingredientes en la coctelera con el hielo en cubitos. Sirva con una corteza de limón.

Variante n.º 1

digestivo

9/10 de Pernod frappé
1 cucharadita de azúcar disuelta en un poco de agua
1 golpe de anisete

Agite bien los ingredientes en la coctelera con unos cubitos de hielo. Sirva con una corteza de limón.

Perú cóctel

 refrescante

7/10 de café fuerte frío
2/10 de ron de Martinica

1/10 de marrasquino de Zara
3 golpes de crema de moka
3 golpes de kirsch

Vierta todos los ingredientes en la coctelera con unos cubitos de hielo, agite enérgicamente durante unos segundos y sirva en vaso alto con un grano de café.

Peter II

 grandes ocasiones y fiestas

3/8 de brandy Cavallino Rosso
3/8 de ginebra Lassy SIS
1/8 de zumo de limón
1/8 de triple sec

Agite vigorosamente en la coctelera todos los ingredientes con el hielo en cubitos. Sirva en copas de cava.

Peter Pan

 refrescante
grandes ocasiones y fiestas

1/4 de zumo de naranja
1/4 de bitter de melocotón
1/4 de vermú seco
1/4 de ginebra

Vierta los ingredientes en la coctelera con hielo en cubitos. Agite bien unos segundos y sirva en copas de cava.

Petersburgh cóctel

 refrescante

6/10 de ginebra
2/10 de menta piperita

1/10 de curaçao de naranja
1/10 de zumo de lima o de cidra

Vierta los ingredientes en la coctelera con hielo en cubitos. Agite vigorosamente y sirva en copas de cava.

Planters cóctel

 relajante
grandes ocasiones y fiestas

1/2 de ron de Jamaica
1/4 de zumo de limón
1/4 de zumo de naranja

Agite brevemente los ingredientes en la coctelera con unos cubitos de hielo y sirva en copas de cóctel.

Plaza cóctel

 grandes ocasiones y fiestas

4/10 de ginebra
3/10 de vermú clásico
3/10 de vermú seco

Vierta los ingredientes en la coctelera con unos cubitos de hielo, agite enérgicamente durante unos segundos y sirva con una rajita de piña.

Poincaré cóctel

  aperitivo

5/10 de vermú seco
3/10 de Amer Picón
2/10 de ginebra
2 gotas de angostura

Agite enérgicamente los ingredientes con hielo en cubitos en la coctelera durante unos segundos. Sirva en copas de vinos especiales.

Polly cóctel

  energético y euforizante
grandes ocasiones y fiestas

2/3 de ginebra
1/3 de crema de cacao

Mezcle la crema de cacao y la ginebra durante unos segundos en el mezclador con unos cubitos de hielo y sirva.

Polo al brandy

  contra el frío

1/3 de grappa de Barolo Cervo Bianco
1/3 de old brandy Cavallino Rosso
1/3 de doble kummel

Ponga en la coctelera unos cubitos de hielo; añada los ingredientes, agite enérgicamente durante unos segundos y sirva en copas de cóctel.

Pomerania cóctel

  aperitivo

6/10 de vodka
2/10 de vermú clásico
1/10 de jarabe de azúcar
1/10 de zumo de limón

Agite enérgicamente todos los ingredientes en la coctelera con unos cubitos de hielo. Sirva en copa de cava con una corteza de limón.

Pommard cóctel

 relajante

5/10 de vermú seco
3/10 de vino Nebbiolo
2/10 de ginebra

Vierta los ingredientes en la coctelera con hielo en cubitos y agite bien durante unos segundos. Sirva en copas de vinos especiales.

Port Royal

 energético y euforizante

8/10 de oporto blanco
1/10 de arak de Batavia
1 yema de huevo
1 cucharada de azúcar

Vierta en la coctelera la yema con el azúcar, amalgame bien y después añada los demás ingredientes con hielo en cubitos. Sirva y espolvoree nuez moscada.

Port Wine cóctel

 relajante

9/10 de oporto
3 golpes de curaçao
3 gotas de angostura

Vierta en la coctelera la angostura y el curaçao con hielo en cubitos. Agite bien, sirva en copas de vinos especiales y termine de llenar con el oporto.

Porto flip

 energético y euforizante

9/10 de oporto
2 cucharaditas de jarabe de azúcar
1 yema de huevo

Vierta los ingredientes en la coctelera con hielo en cubitos y agite con energía pero muy brevemente. Cuele en copas de cava y aromatice espolvoreando nuez moscada. Sirva de inmediato.

Portugal cóctel

 aperitivo

1/2 de oporto blanco
1/2 de zumo de naranja
1 gota de angostura
1 golpe de triple sec

Prepare este aperitivo en la coctelera con hielo en cubitos. Agite vigorosamente y sirva con cáscara de naranja.

Pousse café

 grandes ocasiones y fiestas

1/6 de granadina
1/6 de marrasquino
1/6 de crema de menta verde
1/6 de crema de violetas
1/6 de Chartreuse amarillo
1/6 de brandy

Vierta los ingredientes en el orden establecido en las copas de *pousse-café* de forma que se mantengan separados los colores.

Prairie oyster

 sin alcohol
energético y euforizante

2 cucharaditas de salsa Worcestershire
1 yema de huevo
2 cucharaditas de ketchup
1 pellizco de sal, pimienta y paprika
3 golpes de zumo de limón
2 golpes de aceite de oliva

Se vierten los ingredientes directamente en las copas de cóctel, sin mezclar, y se bebe de un solo trago.

Premio Nobel

 refrescante

1/3 de vodka Limmonaja
1/3 de triple sec
1/6 de brandy Very Old SIS
1/6 de bitter de naranja

Agite vigorosamente los ingredientes en la coctelera con hielo y sirva con media rodajita de naranja.

President cóctel

 grandes ocasiones y fiestas

4/5 de Bacardí
1/5 de zumo de naranja
2 golpes de granadina

Vierta en la coctelera los ingredientes con hielo en cubitos, agite brevemente y sirva en copas de cóctel.

Presto cóctel

 grandes ocasiones y fiestas

1/2 de brandy
1/4 de zumo de naranja
1/4 de vermú clásico
1 cucharada de Pernod

Mezcle bien los ingredientes en el mezclador con hielo picado, vierta en copas de cóctel ya frías y sirva.

Prevost d'Exiles

 aperitivo

2/5 de vermú seco
2/5 de Bénédictine
1/5 de ginebra

Agite enérgicamente los ingredientes en la coctelera con el hielo en cubitos. Sirva en copas de cóctel.

Prime rose

 contra el frío

1/2 de brandy de melocotón
1/2 de ginebra

Vierta en la coctelera el brandy de melocotón y la ginebra, añada cubitos de hielo y agite brevemente. Sirva con una cereza y una corteza de naranja.

Primero

 grandes ocasiones y fiestas

2/4 de vodka Moskovskaja
1/4 de cava Bollinger
1/4 de jerez brandy

Vierta los ingredientes directamente en una flauta. Adorne con una rodajita de plátano, un gajo de naranja y un pedacito de melocotón.

Princess cóctel

 energético y euforizante

2/3 de brandy de albaricoque
1/3 de nata

Vierta en la coctelera los ingredientes con hielo en cubitos, agite brevemente y sirva en copas de cóctel.

Príncipe de Asturias

 energético y euforizante

8/10 de sidra
1/10 de zumo de naranja
1/10 de miel
3 gotas de angostura

Agite brevemente en la coctelera con hielo en cubitos. Sirva con corteza de limón.

Prohibition cóctel

 aperitivo

1/2 de ginebra
1/2 de quina
2 golpes de zumo de naranja
1 golpe de brandy de albaricoque

Agite brevemente en la coctelera todos los ingredientes con el hielo en cubitos. Sirva con una corteza de limón.

Puertorrico cóctel

 refrescante

5/10 de ginebra
3/10 de vermú blanco
1/10 de crema de plátano
1/10 de ron de Jamaica

Vierta en la coctelera los ingredientes, añada cubitos de hielo y agite enérgicamente durante unos segundos. Sirva en copas *old fashion.*

Puppy

 aperitivo

1/4 de ginebra Lassy SIS
1/4 de triple sec
1/4 de quina
1/4 de zumo de limón

Vierta los ingredientes en la coctelera con unos cubitos de hielo, agite enérgicamente durante unos segundos y sirva de inmediato en copas de cóctel.

Pupurry primo

 grandes ocasiones y fiestas

4/10 de ginebra
3/10 de cava brut
2/10 de crema de menta blanca
1/10 de zumo de limón

Ponga en la coctelera cubitos de hielo, añada los ingredientes y agite bien durante unos segundos.
Sirva en flautas y termine de llenarlas con cava helado.

Pupurry secondo

 contra el frío

1/3 de vermú seco
1/3 de ginebra
1/6 de brandy de albaricoque
1/6 de triple sec

Agite brevemente todos los ingredientes en la coctelera con unos cubitos de hielo. Sirva en copas de cóctel.

Pussy foot

 sin alcohol
energético y euforizante

1 huevo
1/2 de zumo de limón
1/2 de zumo de naranja
1 cucharadita de granadina

Agite vigorosamente los ingredientes en la coctelera con unos cubitos de hielo. Sirva en copas de cóctel.

Quatre bras

 grandes ocasiones y fiestas

7/10 de buen coñac
2/10 de zumo de limón
1/10 de crema de grosella

Agite con unos cubitos de hielo y sirva en copas de cava con corteza de limón.

Quebec cóctel

 grandes ocasiones y fiestas

7/10 de licor de enebro
1/10 de zumo de limón
1/10 de curaçao orange
1/10 de crema de noyó

Agite bien en la coctelera con unos cubitos de hielo. Sirva en copas de cava con cáscara de limón.

Queen's country
(Queen's country cocktail)

 grandes ocasiones y fiestas

7/10 de coñac añejo
1/10 de brandy de albaricoque
1/10 de Chartreuse amarillo
1/10 de zumo de limón
2 gotas de bitter de naranja

Agite todo en la coctelera con unos cubitos de hielo. Sirva en una flauta adornada con una fresa.

Queensland cóctel

 aperitivo

5/10 de ginebra
4/10 de vermú clásico

1/10 de ajenjo
2 golpes de curaçao blanco

Agite en la coctelera los ingredientes con unos cubitos de hielo. Sirva en copas de cóctel adornadas con cáscara de naranja.

Quelle vie

 contra el frío

3/5 de coñac añejo
2/5 de kummel

Ponga en el mezclador los ingredientes con algunos cubitos de hielo y agite enérgicamente. Sirva en copas de cóctel.

Quevedo cóctel

 refrescante

4/10 de sidra
3/10 de vermú seco
3/10 de ron
4 golpes de curaçao blanco
4 golpes de bitter de naranja

Ponga los ingredientes en la coctelera, con unos cubitos de hielo. Agite y sirva con un pedacito de manzana.

Quinquina cóctel

 refrescante

9/10 de quina frappé
3 golpes de angostura
3 golpes de curaçao

Ponga todos los ingredientes en la coctelera con algunos cubitos de hielo y agite bien.

Sirva en vaso grande adornado con cáscara de naranja.

Quintino

 aperitivo
grandes ocasiones y fiestas

3/5 de ginebra
1/5 de brandy de albaricoque
1/5 de zumo de limón
4 gotas de granadina

Agite bien en la coctelera los ingredientes con unos cubitos de hielo y sirva en copas de cóctel.

Roc a coe

 aperitivo

1/2 de jerez
1/2 de ginebra

Ponga en la coctelera los ingredientes con unos cubitos de hielo y agite bien.

Vierta la mezcla en copas de vinos especiales y decore con una cereza al marrasquino.

Rode-island cóctel

 aperitivo

4/10 de vermú seco
3/10 de ginebra
2/10 de zumo de limón
1/10 de zumo de piña

Ponga los ingredientes en la coctelera con unos cubitos de hielo y agite; sirva en copas de cava adornadas con cáscara de limón.

Rolls Royce cóctel

  relajante

1/2 de ginebra
1/4 de vermú clásico
1/4 de vermú seco
1 golpe de Bénédictine

Agite los ingredientes con energía en la coctelera junto con unos cubitos de hielo y vierta en copas de vinos especiales.

Romanoff cóctel

  digestivo

9/10 de vodka Romanoff
1/10 de ajenjo

Agite los ingredientes en la coctelera con unos cubitos de hielo. Vierta en copas *old fashion* adornadas con cáscara de limón.

Ronda

  contra el frío

2/5 de vodka Moskovskaja
2/5 de whisky escocés King's Ransom
1/5 de Aurum

Ponga los ingredientes en la coctelera, agite y sirva en copas de cóctel.

Rosa punzo

  aperitivo

5/10 de ginebra
4/10 de vermú seco
1/10 de jerez brandy
1 golpe de angostura

Ponga los ingredientes en la coctelera con unos cubitos de hielo y agite. Vierta en copas de cóctel bordeadas de granadina y azúcar y decoradas con cerezas.

Rose apricot

  grandes ocasiones y fiestas

2/5 de ginebra
1/5 de brandy de albaricoque
1/5 de vermú seco
4 golpes de granadina
1 golpe de zumo de limón

Agite los ingredientes en la coctelera con unos cubitos de hielo. Vierta en copas de cóctel bordeadas de azúcar.

Rose cóctel

  aperitivo
relajante

2/5 de kirsch
2/5 de vermú clásico
1 cucharadita de crema de rosa
2 golpes de jarabe de rosas o de granadina

Agite los ingredientes en la coctelera con unos cubitos de hielo. Sirva en copas de cóctel bordeadas de azúcar y adornadas con fresas.

Rum cóctel

 contra el frío

4/6 de ron de Jamaica
1/6 de granadina
1/6 de curaçao orange
1 golpe de corteza de limón

Ponga en el mezclador los ingredientes con unos cubitos de hielo y mezcle. Vierta en copas de cóctel y sirva tras haber salpicado con zumo de corteza de limón y adornado con una cereza.

Rum cooler

 refrescante

8/10 de ron
el zumo de 1/2 limón
2 cucharaditas de jarabe de azúcar
ginger ale

Ponga los ingredientes en la coctelera con unos cubitos de hielo, agite vigorosamente y vierta, a través de un colador, en un vaso grande; acabe de llenar con ginger ale.

Rum crusta

 relajante
grandes ocasiones y fiestas

8/10 de ron
el zumo de 1/2 limón
1 cucharadita de jarabe de azúcar
1 cucharadita de marrasquino o vermú clásico
2 golpes de angostura
1 naranja o 1 limón

Prepare las copas de cava con el borde azucarado.

Pele una naranja o un limón en espiral formando con la cáscara un largo lazo con el que debe forrar el fondo de la copa.

Entretanto, introduzca los restantes ingredientes en la coctelera con hielo en cubitos, agite bien y vierta en las copas anteriormente preparadas a través de un colador.

Sirva con cucharilla o paja.

Rum eggnog

 energético y euforizante
contra el frío

8/10 de ron de Jamaica
1 huevo
1 cucharadita de jarabe de azúcar
leche

Ponga los ingredientes en la coctelera con unos cubitos de hielo. Agite brevemente pero con vigor, vierta en un vaso grande a través de un colador y termine de llenarlo con leche.

Rum fizz

 refrescante

9/10 de ron
zumo de limón
2 cucharaditas de jarabe de azúcar
seltz

Lleve los ingredientes a la coctelera con hielo picado y agite durante 1 o 2 minutos.

Sirva en vaso grande y acabe de llenarlo con seltz.

Rum flip

 energético y euforizante
contra el frío

7/10 de ron de Jamaica
3/10 de nata
1 yema de huevo

Agite enérgicamente en la coctelera los ingredientes con hielo picado. Sirva en flautas y espolvoree, si gusta, una pizca de nuez moscada.

Sangría al brandy

 refrescante
grandes ocasiones y fiestas

1 botella de vino tinto de alta graduación
8 cucharadas de brandy (o 6 de brandy de albaricoque)
3 cucharadas de azúcar
8 clavos de olor
1 rama de canela
2 botellas de soda Schweppes
1 naranja
1 limón

Lave y corte la fruta y colóquela en una jarra. Añada 250 ml de vino, el brandy, el azúcar y las especias y mantenga la jarra en el frigorífico al menos durante 2 horas.

En el momento de servir, añada el resto del vino, mezcle todo para disolver el azúcar y complete con la soda muy fría.

Sirva en copas de vinos especiales.

Sangri-la

 aperitivo
grandes ocasiones y fiestas

3/5 de whisky escocés King's Ransom
1/5 de brandy de albaricoque
1/5 de zumo de naranja

Agite vigorosamente los ingredientes en la coctelera y vierta en copas de cóctel decoradas con violetas confitadas.

Sanvela cóctel

 energético y euforizante

4/10 de ginebra
4/10 de jerez brandy
1/10 de miel fresca
1/10 de zumo de limón

Después de agitar enérgicamente los ingredientes en la coctelera con hielo en cubitos, sirva en copas de cóctel.

Saratoga cóctel

 aperitivo
grandes ocasiones y fiestas

8/10 de coñac
3 golpes de jarabe de piña
3 golpes de angostura

Vierta los ingredientes en la coctelera con unos cubitos de hielo y agite. Sirva en un *old fashion* decorado con una fresa.

Saratoga cooler

 refrescante

9/10 de ginebra
1/10 de zumo de limón

2 cucharaditas de granadina
ginger ale

Ponga los ingredientes en la coctelera con unos cubitos de hielo, agite y vierta con el colador en un vaso grande; termine de llenar con ginger ale.

Sari cóctel

  digestivo

6/10 de coñac añejo
3/10 de curaçao orange
1/10 de jarabe de azúcar
1 gota de angostura

Ponga en la coctelera unos cubitos de hielo, añada los ingredientes y agite bien. Sirva con una corteza de limón.

Schweizerhof cóctel

  aperitivo

1/3 de vermú clásico
1/3 de ginebra
1/6 de zumo de naranja
1/6 de triple sec

Agite en la coctelera los ingredientes con algunos cubitos de hielo. Sirva en copas de cóctel.

Sherry cóctel

  relajante

8/10 de jerez
3 golpes de curaçao

3 golpes de crema de noyó
2 golpes de angostura

Agite en la coctelera los ingredientes con unos cubitos de hielo y sirva con una corteza de limón.

Variante n.º 1

  relajante

9/10 de jerez
2 golpes de curaçao
2 golpes de angostura

Ponga los ingredientes en la coctelera con hielo en cubitos. Agite y sirva con corteza de limón.

Variante n.º 2

  aperitivo

9/10 de jerez
1 golpe de angostura
2 golpes de bitter de naranja

Agite bien los ingredientes en la coctelera con hielo en cubitos.
Sirva en copas de cóctel y decore con cáscara de naranja.

Variante n.º 3

 aperitivo

1/2 de jerez
1/2 de vermú seco
1 gota de zumo de naranja
marrasquino

Ponga en el mezclador hielo picado, añada los ingredientes y mezcle. Vierta en copas de cóctel ya frías y sirva. Termine de llenar las copas con el marrasquino.

Sherry flip

 energético y euforizante

9/10 de jerez
1 yema de huevo
2 cucharaditas de jarabe de azúcar

Ponga los ingredientes en la coctelera con unos cubitos de hielo, agite breve pero vigorosamente y, a través de un colador, vierta en flautas. Aromatice, a su gusto, con nuez moscada rallada y sirva de inmediato.

Siam cóctel

 digestivo

1/3 de aguardiente
1/3 de triple sec
1/6 de zumo de limón
1/6 de brandy de albaricoque

Agite los ingredientes en la coctelera con unos cubitos de hielo y sirva en copas de cóctel.

Sicky cóctel

 aperitivo

6/10 de Dubonnet
4/10 de Amer Picón

Agite con energía los ingredientes y el hielo en cubitos. Sirva y decore con corteza de limón cortada en espiral.

Solitario

 refrescante

1/3 de ginebra Lassy SIS
1/3 de vodka Moskovskaja
1/3 de quina SIS
seltz

Vierta los ingredientes directamente en copas *old fashion* con unos cubitos de hielo, añada medio gajo de naranja, una corteza de limón y un golpe de seltz.

Souvenir fizz

 refrescante

1/2 de aguardiente
1/2 de jerez brandy
el zumo de 1 limón
1 clara de huevo
2 cucharadas de azúcar
seltz

Agite los ingredientes durante 1 o 2 minutos en la coctelera, añada hielo picado, sirva de inmediato en un vaso grande y acabe de llenarlo con seltz.

Special Mary

 refrescante

7/10 de aguardiente
2/10 de zumo de 1 limón

4 gotas de jerez brandy
4 gotas de brandy añejo

Agite bien los ingredientes en la coctelera con unos cubitos de hielo. Sirva la mezcla en copas *old fashioned* adornadas con gajos de naranja.

Stanley cóctel

 digestivo

1/3 de Bacardí
1/3 de ginebra
1/6 de granadina
1/6 de zumo de limón

Agite bien los ingredientes en la coctelera con hielo en cubitos y sirva en copas de cóctel.

Starlight cóctel

 aperitivo
grandes ocasiones y fiestas

2/3 de ginebra
1/3 de curaçao orange
2 golpes de angostura

Ponga los ingredientes en la coctelera con hielo en cubitos y agite enérgicamente. Sirva en copas de cóctel.

Tajada al limón

 refrescante

3 bolas de helado de limón
2 cucharadas de vodka
Schweppes al gusto

Prepare en el vaso alto el cóctel vertiendo los ingredientes en el orden indicado. Sirva con una paja y una tajadita de limón.

Talent

 aperitivo

3/8 de whisky escocés King's Ransom
2/8 de jerez Heering
2/8 de Aurum
1/8 de vermú Martini seco

Agite vigorosamente los ingredientes en la coctelera con hielo en cubitos y vierta en copas de cóctel.

Talma cóctel

 aperitivo

5/10 de ginebra
3/10 de vermú clásico blanco
1/10 de aguardiente de anís
1/10 de agua de coco
1 golpe de angostura

Agite los ingredientes en la coctelera con hielo en cubitos. Sirva en copas de cóctel con pedacitos de coco.

Tammany-hall

 aperitivo

8/10 de ginebra
1/10 de jarabe de mandarina
1/10 de zumo de limón
2 golpes de angostura

Agite en la coctelera con cuidado los ingredientes junto al hielo en cubitos. Puede servirlo en copas de cóctel.

Tango cóctel

  relajante

1 cucharada de zumo de naranja
1/2 de ginebra
1/4 de vermú seco
1/4 de vermú clásico
2 golpes de curaçao

Agite en la coctelera todos los ingredientes con hielo en cubitos. Sirva en copas de cóctel.

Variante n.º 1

  relajante

5/10 de vermú seco
4/10 de jerez brandy
1/10 de kirsch
3 golpes de angostura

Agite en la coctelera los ingredientes con hielo en cubitos. Sirva con una cereza confitada.

TNT cóctel

  aperitivo

1/2 de ajenjo
1/2 de whisky Canadian Club

Ponga los ingredientes en la coctelera con unos cubitos de hielo. Agite y sirva en copas de cóctel adornadas con corteza de limón.

Tokay cóctel

  relajante

8/10 de vino Tokay
1/10 de curaçao blanco
1/10 de crema de noyó
3 golpes de angostura

Una a los ingredientes unos cubitos de hielo y agite con cuidado en la coctelera. Sirva en copas de vino.

Tom Collins

 refrescante

8/10 de ginebra
2/10 de zumo de limón
2 cucharaditas de jarabe de azúcar
seltz

Ponga los ingredientes directamente en un vaso alto, termine de llenarlo con seltz y añada una cereza y una rajita de limón.

Tom Collins Schweppes

 refrescante

2/10 de ginebra
2/10 de zumo de limón
1/10 de jarabe de azúcar
5/10 de soda Schweppes

Ponga los ingredientes directamente en un vaso grande con 3 o 4 cubitos de hielo. Decore con una rajita de limón y una cereza al marrasquino.

Tomato cóctel

  aperitivo

8/10 de zumo de tomate
2/10 de zumo de limón
1 pellizco de sal y pimienta

Mezcle los ingredientes en el mezclador con hielo en cubitos y sirva en copas de vino.

Tony

  aperitivo

4/10 de brandy extra añejo SIS
3/10 de vermú Cinzano seco
2/10 de brandy de albaricoque
1/10 de marrasquino

Agite los ingredientes en la coctelera, vierta en las copas de cóctel y adorne con una cereza al marrasquino.

Topper cóctel

  grandes ocasiones y fiestas

1/3 de coñac
1/3 de brandy de albaricoque
1/3 de crema de menta blanca
1 cucharada de Pernod

Mezcle los componentes con hielo picado en el vaso mezclador y vierta en copas de cóctel.

Tse-tse cóctel

  aperitivo

8/10 de buen coñac
1/10 de Cointreau
1/10 de té fuerte frío

Agite los ingredientes en la coctelera con hielo en cubitos y sirva muy frío.

Tulip cóctel

  digestivo

2/5 de vermú clásico
2/5 de apple brandy
1/5 de zumo de limón
1/5 de brandy de albaricoque

Ponga los ingredientes en la coctelera con hielo en cubitos. Agite y sirva.

Turpin cóctel

  grandes ocasiones y fiestas

3/10 de ginebra
1/10 de zumo de limón
1/10 de curaçao triple sec
1/10 de arak
1/10 de ajenjo
1/10 de Bénédictine
1/10 de grand cru
1/10 de Cordial Médoc
3 golpes de angostura

Agite todos los ingredientes en la coctelera con hielo. Sirva en una copa de cóctel bordeada con zumo de limón y azúcar, y decorada con una cereza confitada.

Twelve mile limit

  aperitivo

1/2 de Bacardí
1/2 de aguardiente
1 cucharadita de zumo de limón
1 cucharadita de granadina

Ponga los ingredientes en la coctelera con hielo en cubitos; agite bien y sirva en copas de cóctel.

Último cóctel

  aperitivo

7/10 de coñac añejo
1/10 de zumo de limón
1/10 de zumo de naranja
1/10 de zumo de uva
4 golpes de bitter de naranja

Agite en la coctelera los ingredientes con unos cubitos de hielo. Sirva con un grano de uva.

Une idee

  relajante

1/4 de aguardiente
1/4 de ginebra
1/4 de brandy de albaricoque
1/4 de vermú clásico

Puede preparar este cóctel en el mezclador junto con hielo en cubitos; mezcle bien los ingredientes, vierta el resultado en copas de cóctel y sirva con un adorno de cáscara de limón.

Union fantasy

 grandes ocasiones y fiestas

1/3 de granadina
1/3 de marrasquino
1/3 de Chartreuse amarillo

Este cóctel se prepara directamente en las copas.
 Vierta los ingredientes con cuidado y en el orden indicado en copas de *pousse-café*; los colores deben mantenerse separados.

Univers cóctel

  relajante

8/10 de vermú clásico
1 cucharadita de Bitter Campari
1 cucharadita de ginebra
1 cucharadita de coñac

Agite todos los ingredientes en la coctelera y añada algunos cubitos de hielo. Sirva en copas de cóctel con corteza de limón.

Universal cóctel

 aperitivo

1/2 de vermú clásico
1/2 de licor de enebro
2 golpes de angostura

Después de agitar todos los ingredientes en la coctelera con un poco de hielo en cubitos, se sirve en una copa de cóctel con una aceituna.

Up-to-date

 aperitivo

1/2 de jerez
1/2 de whisky Canadian Club
2 golpes de Grand Marnier
2 golpes de angostura

Puede prepararlo en la coctelera con hielo en cubitos. Agite, sirva y decore con cáscara de limón.

Urania cóctel

 aperitivo

5/10 de ginebra
3/10 de vermú clásico
2/10 de Cordial Médoc
3 golpes de angostura

Añada a los ingredientes algunos cubitos de hielo y agítelo todo en la coctelera con energía. Sirva en una copa de cóctel y decore con una cereza confitada.

Ursula

 refrescante

3/10 de zumo de piña
2/10 de ron claro
2/10 de ron oscuro
2/10 de zumo de naranja
1/10 de Kiwi Boero

Agite todo en la coctelera con algunos cubitos de hielo y, a continuación, sirva la mezcla en copas *old fashion* o copas de licor y adorne con fresas.

Uruguay cóctel

 aperitivo

8/10 de ginebra
1/10 de crema de rosas
1/10 de curaçao blanco
2 golpes de esencia de rosas

Vierta todos los ingredientes en la coctelera con el hielo en cubitos, agite bien y sirva en copas de cóctel con pétalos de rosa como adorno.

U.S. cóctel

 aperitivo

1/2 de whisky Canadian Club
1/2 de ginebra

Agite en la coctelera los ingredientes con hielo en cubitos y sirva en copas de cóctel.

Valencia cóctel

 aperitivo

2/3 de brandy de albaricoque
1/3 de zumo de naranja
4 golpes de bitter de naranja

Agite un poco en la coctelera los ingredientes indicados con un poco de hielo en cubitos y después sirva en copas de cóctel.

Velocity cóctel

 aperitivo
relajante

3/5 de vermú clásico
2/5 de ginebra

Vierta todos los ingredientes en la coctelera, añada un poco de hielo en cubitos y agite. Sirva con un gajo de naranja como adorno.

Venezolano cóctel

 digestivo

5/10 de aguardiente de caña de azúcar
4/10 de vermú seco
1/10 de zumo de caña de azúcar
1 golpe de ron

Se puede preparar en la coctelera con hielo en cubitos.
Sirva en copas de cóctel.

Venezuela cóctel

 relajante

4/10 de coñac
3/10 de ginebra
3/10 de oporto blanco

Agite en la coctelera los ingredientes con hielo en cubitos. Sirva con una corteza de limón.

Vera Cruz cóctel

 aperitivo

7/10 de ginebra
1/10 de zumo de limón
1/10 de jarabe de goma
1/10 de ajenjo
2 golpes de angostura

Agite los ingredientes en la coctelera con hielo en cubitos y sirva en copa de cóctel con corteza de limón.

Vergy cóctel

 aperitivo

4/10 de vermú blanco seco
3/10 de ron de Martinica
1/10 de coñac
1/10 de jarabe de franbuesas
1/10 de zumo de limón
2 golpes de angostura

Vierta los ingredientes en la coctelera, añada algunos cubitos de hielo y agite unos instantes.
Sírvalo decorado con una cereza confitada.

Verita's cóctel

 aperitivo

5/10 de ginebra
3/10 de vermú seco
2/10 de Grand Marnier
3 golpes de angostura

Ponga los ingredientes en la coctelera con hielo en cubitos. Agite y sirva con corteza de limón.

Vermú cóctel

 relajante

*8/10 de vermú clásico
5 golpes de jarabe de goma
2 golpes de angostura*

Añada a los componentes unos cubitos de hielo y agite la coctelera. Sirva con cáscara de limón.

Versilia

 refrescante

*5/10 de zumo de pomelo
3/10 de gin Lassy SIS
2/10 de brandy de albaricoque
Seven Up*

Prepare directamente el cóctel en un vaso grande. Termine de llenarlo con Seven Up y decore con una cereza al marrasquino, una rodaja de limón y otra de naranja.

Victory cóctel

 grandes ocasiones y fiestas

*3/5 de seltz
1/5 de granadina
1/5 de ajenjo*

Agite en la coctelera los ingredientes con hielo en cubitos. Sirva en copas de vinos especiales.

Variante n.º 1

 relajante

*4/10 de vermú clásico
4/10 de vermú seco*

*1/10 de zumo de naranja
1/10 de zumo de limón
1/2 cucharadita de granadina*

Ponga todos los ingredientes en la coctelera con hielo en cubitos y agite sólo un poco.

Vierta esta preparación en copas de cóctel.

Vie en rose

 energético y euforizante

*5/10 de ginebra
2/10 de kirsch
2/10 de crema de rosas
1/10 de zumo de limón
1 golpe de angostura*

Agite los ingredientes en la coctelera con unos cubitos de hielo y sirva con 2 pétalos de rosa.

Vie rose cóctel

 relajante

*3/10 de kirsch
3/10 de ginebra
2/10 de zumo de limón
2/10 de granadina*

Agite los ingredientes en la coctelera con el hielo en cubitos. Sirva en copas de cóctel.

Vienna girl

 energético y euforizante

2/6 de curaçao orange
2/6 de vermú seco
1/6 de ginebra
1/6 de nata

Agite todos los ingredientes en la coctelera con el hielo en cubitos. Sirva en copas de cóctel.

Villamil's cóctel

 energético y euforizante
grandes ocasiones y fiestas

1 cucharada de azúcar
1 yema de huevo
1 cucharada de coñac
1/2 cucharada de oporto Villamil

Bata bien con una cuchara el azúcar y la yema de huevo. Añada el resto de los ingredientes y agite en la coctelera con unos cubitos de hielo. Sirva en vaso grande.

Violet cóctel

 grandes ocasiones y fiestas

8/10 de vino tinto
3 golpes de angostura
3 golpes de curaçao

Agite en la coctelera los ingredientes junto con hielo en cubitos.
Sirva en copas de cóctel con cáscara de naranja.

Vitamine cóctel

 energético y euforizante
grandes ocasiones y fiestas

4/10 de vermú clásico
4/10 de oporto blanco
1/10 de quina
1/10 de coñac añejo
1 cucharada de Ovomaltina disuelta

Agite en la coctelera los ingredientes con hielo en cubitos.
Sirva en una copa de cóctel con una cereza como guarnición.

Vittoria cóctel

 relajante

4/10 de vermú clásico
3/10 de licor Santa Vittoria
3/10 de ginebra
2 golpes de angostura

Agite los ingredientes en la coctelera con unos cubitos de hielo.
Sirva en copas de cóctel con cerezas confitadas.

Vizagapatam cóctel

 relajante

5/10 de ginebra
4/10 de vino de Madeira
1/10 de jarabe de Cointreau

Agite los ingredientes en la coctelera con algunos cubitos de hielo. Sirva en copas de cóctel.

Vodka and tonic

 refrescante

7/10 de tónica Schweppes
3 cucharadas de vodka

Ponga el hielo en vasos grandes, y enseguida vierta primero el vodka y después añada la tónica Schweppes; mezcle durante unos instantes con la cucharilla de bar y decore con rodajitas de limón.

Volga cóctel

 digestivo

8/10 de vodka
1/10 de zumo de limón
1/10 de anisete

Agite en la coctelera todos los ingredientes con algunos cubitos de hielo y sirva en copas de cóctel con corteza de limón como adorno.

Voslau cóctel

 digestivo

1/2 de pippermint
1/2 de vodka
1 cucharada de marrasquino
1 pellizco de pimienta de Cayena

Agite en la coctelera todos los ingredientes con algunos cubitos de hielo.
Este preparado se sirve en copas de cóctel muy frías.

Vulcano cóctel

 energético y euforizante

1 yema de huevo
3 golpes de salsa Worcestershire
1 pellizco de pimienta de Cayena
1 gota de tabasco
ginger ale helado

Ponga los ingredientes en copas de cava heladas. Sirva sin mezclar.

Waldorf cóctel

 aperitivo

1/2 de vermú clásico
1/2 de vermú seco
1 cucharadita de zumo de piña
1 cucharadita de zumo de naranja

Vierta todos los ingredientes en la coctelera junto con unos cubitos de hielo, agite brevemente y cuele en una copa de cóctel.
Adorne con un pedacito de piña.

Variante n.º 1

 digestivo

1/2 de caloric punch
1/4 de zumo de limón
1/4 de ginebra
2 gotas de angostura

Ponga en la coctelera unos cubitos de hielo, incorpore los ingredientes, agite brevemente y sirva con corteza de limón.

West-ham cóctel

 aperitivo
grandes ocasiones y fiestas

1/3 de zumo de limón
1/3 de jarabe de piña
1/3 de licor de ciruela
1 gota de angostura

Vierta en la coctelera todos los ingredientes, añada un poco de hielo en cubitos y agite enérgicamente durante algunos segundos. Sirva con una cortecita de limón como adorno.

Whisky brandy

 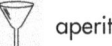 aperitivo

5/10 de whisky
4/10 de coñac añejo
1/10 de curaçao orange
3 gotas de angostura

Agite enérgicamente todos los ingredientes en la coctelera junto con unos cubitos de hielo. Sirva con una corteza de limón.

Whisky cóctel

 grandes ocasiones y fiestas

9/10 de whisky
2 gotas de angostura
2 golpes de granadina

Vierta en el mezclador los ingredientes junto con hielo en cubitos y mezcle vigorosamente durante unos segundos. Sirva en copas de cóctel adornadas con cerezas.

Variante n.º 1

  aperitivo

8/10 de whisky
3 gotas de angostura
3 golpes de curaçao
3 golpes de crema de noyó

Agite enérgicamente todos los ingredientes durante unos segundos en la coctelera con unos cubitos de hielo. Sirva con una cereza y un pedacito de corteza de limón.

Variante n.º 2

 refrescante

1/2 de whisky
2 pellizcos de esencia de Calumba
3 golpes de esencia de Capsicum
1 tajada fina de limón
1 corteza de limón

Vierta los ingredientes en un vaso alto con unos cubitos de hielo. Termine de llenar con agua, mezcle con la cucharilla de bar y sirva con caña.

Whisky crusta

  grandes ocasiones y fiestas

7/10 de whisky
2/10 de zumo de limón
1 cucharadita de jarabe de azúcar
1 cucharadita de marrasquino o de vermú
2 gotas de angostura
1 cáscara de naranja o de limón

Bordee unas copas de vinos especiales con limón y azúcar, y forre el interior con una espiral de cáscara de naranja o de limón. Vierta en la coctelera los ingredientes con unos cubitos de hielo, agite durante algunos segundos, cuele en las copas ya preparadas y sirva con cañas.

Whisky eggnog

 energético y euforizante

7/10 de whisky
1 huevo
1 cucharadita de jarabe de azúcar
leche

Ponga en la coctelera unos cubitos de hielo y todos los ingredientes excepto la leche; agite brevemente pero con vigor, cuele en vasos altos y acabe de llenarlos con la leche.

Winnipeg cóctel

 digestivo

8/10 de triple sec
el zumo de 1/2 naranja
2 golpes de zumo de limón
1 cucharadita de jarabe de piña

Vierta los ingredientes en la coctelera con unos cubitos de hielo.
Agite brevemente y sirva de inmediato en copas de cóctel adornadas con cáscara de naranja.

Worcester cóctel

 energético y euforizante

7/10 de marsala
1/10 de salsa Worcestershire
1 yema de huevo
3 golpes de kummel
3 gotas de angostura

Vierta directamente los ingredientes en copas de vinos especiales y termine de llenar con el marsala. Sirva sin mezclar.

Wyse cóctel

 relajante

2/5 de ginebra
1/5 de vermú seco
1/5 de vermú clásico
1/5 de vodka

Vierta todos los ingredientes en la coctelera con algunos cubitos de hielo, agite bien durante unos segundos y sirva en copas de cóctel con corteza de limón como adorno.

Xamasca cóctel

 aperitivo

8/10 de ginebra
1/10 de ajenjo
1/10 de curaçao orange
2 gotas de angostura

Ponga en la coctelera unos cubitos de hielo, incorpore los ingredientes y agite enérgicamente durante unos segundos. Sirva en copas de cóctel decoradas con corteza de limón.

Xantia *(Xantia cocktail)*

 grandes ocasiones y fiestas

1/3 de jerez brandy
1/3 de Chartreuse amarillo
1/3 de ginebra

Ponga en la coctelera unos cubitos de hielo, incorpore los ingredientes y agite enérgicamente durante unos segundos. Sirva en copas de cóctel decoradas con corteza de limón.

Xanto cóctel

 relajante

8/10 de coñac añejo
1/10 de Bénédictine
1/10 de zumo de limón
2 gotas de angostura

Agite enérgicamente los ingredientes en la coctelera con el hielo en cubitos. Sirva en las copas de cóctel con una corteza de limón.

Xau cóctel

 relajante

4/5 de sidra
1/5 de ginebra
4 gotas de angostura

Vierta los ingredientes en la coctelera con unos cubitos de hielo, agite vigorosamente y sirva en copas de cóctel con corteza de limón.

Yellowstone cóctel

 digestivo

8/10 de ron de Martinica
1/10 de jarabe de azúcar
1/10 de zumo de limón

Ponga en la coctelera cubitos de hielo; añada los ingredientes, agite enérgicamente durante unos segundos. Sirva en copas de cóctel con una corteza de limón.

YMCA (Y.M.C.A. cocktail)

 digestivo

1/2 de Bacardí
1/4 de zumo de limón
1/4 de Cointreau

Vierta los ingredientes en la coctelera con hielo en cubitos, agite brevemente y sirva en copas de cava.

Yonge cóctel

 energético y euforizante

1/2 de coñac añejo
1/2 de nata

Vierta en la coctelera el coñac y la nata, añada cubitos de hielo y agite enérgicamente durante unos segundos. Sirva de inmediato en copas de cóctel.

York special

 aperitivo

3/4 de vermú seco
1/4 de marrasquino
4 golpes de bitter de naranja

Agite vigorosamente los ingredientes en la coctelera con algo de hielo picado durante unos segundos. Sirva en copas de cóctel.

Young man

  grandes ocasiones y fiestas

3/4 de coñac
1/4 de vermú clásico
2 golpes de curaçao
1 gota de angostura

Vierta en la coctelera los ingredientes, añada hielo en cubitos y agite con energía.
   Sirva en copas de cóctel decoradas con aceitunas verdes.

Young river

  aperitivo

8/10 de coñac
1/10 de zumo de limón
1/10 de jarabe de uva
1 gota de angostura

Vierta en la coctelera los ingredientes, añada hielo en cubitos y agite con energía. Sirva en copas de cóctel decoradas con aceitunas verdes.

Yucatán cóctel

  energético y euforizante

5/10 de nata
3/10 de coñac
1/10 de Ratafia
1/10 de crema de kirsch
chocolate en polvo

Agite los ingredientes en la coctelera con hielo en cubitos y sirva espolvoreando con chocolate en polvo.

Yule cóctel

  aperitivo

8/10 de rye whisky
1/10 de curaçao blanco
1/10 de zumo de limón
1 gota de angostura

Agite brevemente los ingredientes en la coctelera con hielo en cubitos. Sirva en copas de cóctel con corteza de limón.

Yzeures cóctel

  aperitivo

1/2 de kirsch
1/2 de crema de noyó
1 gota de angostura

Agite enérgicamente los ingredientes en la coctelera con hielo en cubitos. Sirva en copas de cóctel con cerezas en almíbar.

Za la mort

  digestivo

1/2 de anís
1/2 de ginebra
3 gotas de angostura

Agite unos cubitos de hielo y los ingredientes, y sirva en copas de cóctel.

Za la vie

 aperitivo

1/2 de marrasquino
1/2 de ginebra
3 gotas de angostura

Ponga en la coctelera cubitos de hielo, añada los ingredientes y agite enérgicamente. Sirva en copas de cóctel.

Zanzerac

 aperitivo

2/5 de vodka Stolovaja
2/5 de Drambuie
1/5 de brandy de albaricoque

Vierta en la coctelera los ingredientes con unos cubitos de hielo. Agite con vigor y sirva con una cereza confitada.

Zanzíbar cóctel

 relajante

3/4 de vermú seco
1 cucharadita de ginebra
1/2 cucharadita de zumo de limón
1/2 cucharadita de jarabe de azúcar

Agite en la coctelera los ingredientes con unos cubitos de hielo y sirva en copas de cóctel completando con un golpe de zumo de corteza de limón.

Ziska cóctel

 grandes ocasiones y fiestas

7/10 de ginebra
1/10 de Grand Marnier
1/10 de zumo de limón
1/10 de jarabe de tamarindo
2 gotas de angostura

Ponga cubitos de hielo en la coctelera, añada los ingredientes y agite bien durante unos segundos. Sirva con una cáscara de limón.

Zizicar cóctel

 relajante

1/2 de vermú clásico
1/2 de licor de enebro
2 gotas de angostura

Agite con energía los ingredientes en la coctelera con unos cubitos de hielo. Sirva en copas de cava decoradas con hojitas de menta.

Zorrilla de San Martín

 aperitivo
relajante

2/5 de vermú clásico
2/5 de ginebra
1/5 de amaro Felsina
2 gotas de angostura

Vierta los ingredientes en la coctelera con hielo en cubitos, agite brevemente y sirva en copas de cóctel decoradas con corteza de limón.

Índice general de cócteles

Abc cóctel, 67
Acacia, 67
Achtagram cóctel, 67
Acquavit Alexander, 67
Adela, 67
Adelaida, 67
Adonis, 37
Adua cóctel, 67
Affinity, 37
After dinner al brandy, 68
Alaska, 38
Alexander, 38, 53
Alexandra, 68
Alfa Romeo, 68
Alfa Romeo cocktail, véase *Alfa Romeo*
Alicante cóctel, 68
Alleluia, 47
Allen cóctel, 68
Allies cóctel, 68
Alma cóctel, 69
Amba, 47
Americano, 53
Angel face, 38
Angel kiss, 69
Angel lips, 69
Angel's blush, 69
Angel's dream, 69
Angelic cóctel, 69
Angelicana, 70
Apotheke, 53
Appetizer cóctel, 70
Apple cóctel, 70
Apricot cóctel, 70
Apricot fizz, 70
Aragón cóctel, 70
Argentina cóctel, 71

Arlequín, 71
Astor cóctel, 71
Atlántico, 71
Atta bot, 71
Audrey, 71
Austerlitz cóctel, 72
Automóvil, 72
Ayala cóctel, 72
B & B, 54
B & B cocktail, véase *B & B*
Bacardi, 38, 54
Badajoz cóctel, 72
Baltimore cóctel, 72
Bamboo, 38, 72
Banana bliss, 54
Banana daiquiri, 54
Bandiera italiana, 73
Bárbara drink, 73
Bee's knees cocktail, véase *Bee's knees*
Bee's knees, 73
Belle aurore, 73
Bellerive jubilee 74,
Bellini, 54
Belote cóctel, 74
Bentley, 38
Bermont gin, 74
Bermuda cóctel, 74
Betty Balfour, 74
Between the sheets, 39
Bitter and tonic, 74
Biyon cóctel, 75
Black Jack al aguardiente, 75
Black russian, 54
Blackout cóctel, 75
Blanche fizz, 75
Block and fall, 39

Blood-hound gin, 75
Bloody Mary, 39, 54
Blue lagoon, 55
Blue moon, 47
Blue special, 75
Bobby Burns, 39
Bombay, 39
Boy scout, 75
Brandy champerelle, 76
Brandy cobbler, 76
Brandy cóctel, 76
Brandy sour, 76
Brandy split, 76
Brandy vermú, 76
Brasil cóctel, 77
Brasilian kiss, 77
Bravo cóctel, 77
Breakfast club, 77
Breakfast eggnog, 77
Brillat savarin, 77
Broadway smile, 78
Bronx, 39, 55
Brooklyn, 40
Buck's fizz, 55
Bull shot, 55
Buscaino cóctel, 78
Butterfly flip, 78
Cabanis *(Cabanis cocktail)*, 78
Cacao flip, 78
Café flip, 78
Café kirsch, 79
Cagliostro cóctel, 79
Calcuta cóctel, 79
Calderón cóctel, 79
Caliente cóctel, 79
Calígula cóctel, 79
Cameron Verney, 80
Canadian club, 80
Canadian cóctel, 80
Cánovas del Castillo, 80
Cantábrico, 80
Cape cóctel, 80
Capri rosé, 81
Carabean, 81
Caramel flip, 81
Cardicas, 48
Carin, 48
Carla, 81

Carlton cóctel, 81
Carnegie cóctel, 81
Carrol cóctel, 82
Caruso, 40
Casanova cóctel, 82
Casino, 40
Castillo de Madrid, 82
Catamarca cóctel, 82
Cava cóctel, 55
Champagne pick me up, 56
Champagne sour, 82
Champeneoise cóctel, 82
Champion, 48
Champs-Élysées, 82
Chanel, 83
Chanteclair, 83
Chanters towers, 83
Chocolate cóctel, 83
Chocolate soldier, 83
Chrystal highball, 83
Chuquis cóctel, 84
Church parade, 84
Ciao-yong, 84
Claridge, 40
Clover club, 40
Coffee cóctel al aguardiente, 84
Coffee cóctel al brandy, 84
Coffee cóctel al marsala, 84
Coffee cóctel al oporto, 85
Coffee (iris coffee), 56
Cogol cóctel, 85
Collier, 85
Collins (Tom Collins), 56
Conca d'oro, 48
Creole cóctel, 85
Crisi, 85
Crocker cóctel, 86
Crown cóctel, 86
Cuba brandy, 86
Cuba libre, 86
Cuba libre cocktail, véase *Cuba libre*
Cuban brandy cóctel, 86
Czarina, 41
Ça ira cóctel, 86
Daiquiri, 41, 56
Darling cóctel, 87
De rigueur cóctel, 87
Deauville cóctel, 87

Dede cóctel, 87
Deep blue sea, 87
Delfín, 88
Deloso cóctel, 88
Derby, 41
Derby royal, 88
Dessert dream, 88
Devil's cóctel, 88
Diábolo cóctel, 88
Diábolo gin, 89
Digest, 89
Diki Diki, 41
Dry Manhattan, 56
Duchess, 41
Duchess cocktail, 89
Duncan cóctel, 89
Dunlop cóctel, 89
Dupuy cóctel, 89
Durkee highball, 90
Dux cóctel, 90
East India, 42
East India fizz, 90
Eclipse cóctel, 90
Egg flip, 90
Egg sour al aguardiente, 90
Eggnog, 57
Eiffell cóctel, 91
Elisa, 49
English cobbler, 91
Entre ríos, 91
Esmeralda, 91
Eva cóctel, 91
Evans gin, 91
Exam's cóctel, 92
Excelsior cóctel, 92
Extra dry cóctel, 92
Eyck cóctel, 92
Fairbank cóctel, 92
Fancy cubano, 92
Fancy curaçao, 93
Fancy d'Artagnan, 93
Fancy fan fan, 93
Fancy flip, 93
Fancy lipsia, 93
Fancy moka, 94
Fátima cóctel, 94
Felkland cóctel, 94
Felsinea, 94

Festrus, 49
Fiat cóctel, 94
Field cóctel, 94
Fifty-fifty, 95
Fifty-fifty cocktail, véase *Fifty-fifty*
Fil de fer, 95
Fizzes, 57
Flamingo cooler, 95
Flip-flap, 95
Florence, 95
Florida, 57
Florida arancia, 95
Florida arancia cocktail, véase *Florida arancia*
Florida limón, 96
Florida vermú, 96
Flu cóctel, 96
Fly wheel, 96
Foch marechal, 96
Ford cóctel, 96
Fox trot, 97
Fraenzis cóctel, 97
Fraimar cóctel, 97
Franco, 97
French connection, 57
Frozen daiquiri, 57
Galvani, 97
Gandhi cóctel, 97
Garibaldi, 57
Garrick cóctel, 98
Gassman cóctel, 98
Gayarre cóctel, 98
Gazelle cóctel, 98
Gazette cóctel, 98
Gibson, 42, 58
Gimlet, 58
Gin and french, 58
Gin and it, 42, 58
Gin cóctel, 98
Gin cooler, 99
Gin crusta, 99
Gin curaçao, 99
Gin eggnog, 99
Gin fizz Schweppes, 99
Globus cóctel, 100
Globus Zurich, 100
Gloria, 49
Godfather, 58

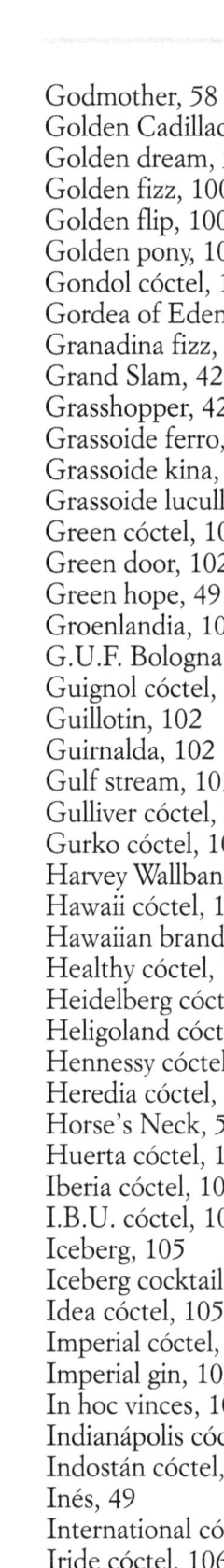

Godmother, 58
Golden Cadillac, 58
Golden dream, 59
Golden fizz, 100
Golden flip, 100
Golden pony, 100
Gondol cóctel, 100
Gordea of Eden, 101
Granadina fizz, 101
Grand Slam, 42
Grasshopper, 42, 59
Grassoide ferro, 101
Grassoide kina, 101
Grassoide lucullo, 101
Green cóctel, 101
Green door, 102
Green hope, 49
Groenlandia, 102
G.U.F. Bologna, 102
Guignol cóctel, 102
Guillotin, 102
Guirnalda, 102
Gulf stream, 103
Gulliver cóctel, 103
Gurko cóctel, 103
Harvey Wallbanger, 59
Hawaii cóctel, 103
Hawaiian brandy, 103
Healthy cóctel, 103
Heidelberg cóctel, 103
Heligoland cóctel, 104
Hennessy cóctel, 104
Heredia cóctel, 104
Horse's Neck, 59
Huerta cóctel, 104
Iberia cóctel, 104
I.B.U. cóctel, 104
Iceberg, 105
Iceberg cocktail, véase *Iceberg*
Idea cóctel, 105
Imperial cóctel, 105
Imperial gin, 105
In hoc vinces, 105
Indianápolis cóctel, 105
Indostán cóctel, 106
Inés, 49
International cóctel, 106
Iride cóctel, 106

Iridea, 106
Isabelita cóctel, 106
Izcaragua, 50
Japanese marrasquino, 106
Japanese seltz, 107
Jefferson cóctel, 107
Jersey, 107
Jersey cocktail, 107
Jockey club kermann, 107
Jockey's calvados, 107
Kado koi, 108
Kamimura cóctel, 108
Karageorgevich cóctel, 108
Kendal cóctel, 108
Kina cóctel, 108
King Alfonso, 59
Kingstone cóctel, 108
Kinkajou cóctel, 109
Kir, 59
Kir imperial, 60
Knock-out, 109
Ko-hi-nor, 109
Kola cóctel, 109
Kola-kina cóctel, 109
Kola dubonnet, 109
Kola king, 110
Kola ovomaltine, 110
La Fayette cóctel, 110
Ladies gin, 110
Ladies pippermint, 110
Lady killer, 50
Lamartine cóctel, 110
Lancia cóctel, 111
Languedoc, 111
Last resort, 111
Le monnier, 111
Le roi des cocktails, 111
Le super, 112
Leistikow's cóctel, 112
Lemon cóctel, 112
Lena, 50
Liberty cóctel, 112
Lillian Russel, 112
Lone tree cooler, 112
Lonesome fizz, 113
Loren al gin, 113
Los Ángeles cóctel, 113
Louisiana flip, 113

Lovers dream, 113
Loving cóctel, 113
Macalle cóctel, 114
Macao cóctel, 114
MacCarthy cóctel, 114
MacDonald cóctel, 114
Mai Tai, 60
Mallorca, 50
Manhattan, 42, 60
Manhattan Cointreau, 115
Manhattan Cointreau cocktail, véase *Manhattan Cointreau*
Manhattan marrasquino, 115
Manhattan nebbiolo cooler, 115
Manhattan vermú, 115
Manhattan whisky, 115
Manuela, 115
Mar de la Plata, 50
Maragato cóctel, 116
Margarita, 60
Martini dry, 43, 60
Martini sweet, 43
Mary Pickford, 43
Medium or perfect Manhattan, 60
Medium or perfect Martini, 61
Mejicano, 116
Melozzo da Forlí, 116
Mercedes cóctel, 116
Mercier cóctel, 116
Messalina cóctel, 116
Metropolitan cóctel, 117
México 78, 117
Mikado, 43
Modernísimo cóctel, 117
Modus vivendi, 117
Moka Spitzberg, 117
Monkey gland, 43
Montana brandy, 117
Monte rosa, 118
Montpellier, 118
Moonlight, 51
Morning glory, 118
Morning glory cocktail, véase *Morning glory*
Muyscas cóctel, 118
Nachtigall cóctel, 118
Nagasaki cóctel, 118
Nage cóctel, 119

Nancy cóctel, 119
Napoleón, 119
Naponeon's cocktail, véase *Napoléon*
Negroni, 43, 61
New 1920, 119
New Orleans fizz, 119
Newburry cóctel, 120
Newcastle cóctel, 120
Niam niam, 120
Nicomaco cóctel, 120
Niels cóctel, 120
Night cap, 120
Odeón, 121
Odeon cocktail, véase *Odeón*
Odessa cóctel, 121
O'Higgins cóctel, 121
Ohio cóctel, 121
Ojo de buey, 122
Old fashioned, 44, 61
Old pal, 44
Olimpia cóctel, 122
Olímpico cóctel, 122
Olympic cóctel, 122
Omegna cóctel, 122
Omium cóctel, 122
Once more, 123
Opal cóctel, 123
Opening cóctel, 123
Ópera cóctel, 123
Oporto cóctel, 123
Oporto cocktail, véase *Oporto cóctel*
Orange blossom, 44, 124
Orange cóctel, 124
Orange cooler, 124
Oriental, 44
Padovanino cóctel, 124
Palmetto cóctel, 124
Palmyra cóctel, 124
Panamá, 125
Panciolina, 125
Pantera rosa, 125
Paradise, 44, 61
Paradise cóctel, 125
Paradise fizz, 125
Parisian, 45
Perfection cóctel, 125
Pernod cóctel, 126
Perú cóctel, 126

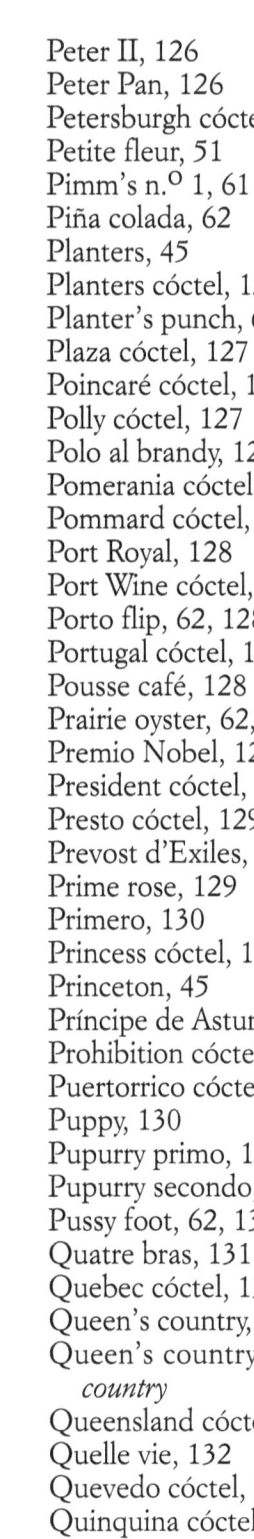

Peter II, 126
Peter Pan, 126
Petersburgh cóctel, 126
Petite fleur, 51
Pimm's n.º 1, 61
Piña colada, 62
Planters, 45
Planters cóctel, 127
Planter's punch, 62
Plaza cóctel, 127
Poincaré cóctel, 127
Polly cóctel, 127
Polo al brandy, 127
Pomerania cóctel, 127
Pommard cóctel, 128
Port Royal, 128
Port Wine cóctel, 128
Porto flip, 62, 128
Portugal cóctel, 128
Pousse café, 128
Prairie oyster, 62, 129
Premio Nobel, 129
President cóctel, 129
Presto cóctel, 129
Prevost d'Exiles, 129
Prime rose, 129
Primero, 130
Princess cóctel, 130
Princeton, 45
Príncipe de Asturias, 130
Prohibition cóctel, 130
Puertorrico cóctel, 130
Puppy, 130
Pupurry primo, 130
Pupurry secondo, 131
Pussy foot, 62, 131
Quatre bras, 131
Quebec cóctel, 131
Queen's country, 131
Queen's country cocktail, véase *Queen's country*
Queensland cóctel, 131
Quelle vie, 132
Quevedo cóctel, 132
Quinquina cóctel, 132
Quintino, 132
Ramcooler, 51
Rheingold, 51

Rob Roy, 45, 63
Roberta, 51
Roc a coe, 132
Rode-island cóctel, 132
Rolls Royce cóctel, 133
Romanoff cóctel, 133
Ronda, 133
Rosa punzo, 133
Rose, 45, 63
Rose apricot, 133
Rose cóctel, 133
Rum cóctel, 134
Rum cooler, 134
Rum crusta, 134
Rum eggnog, 134
Rum fizz, 134
Rum flip, 135
Rusty nail, 63
Salty dog, 63
Sangría al brandy, 135
Sangri-la, 135
Sanvela cóctel, 135
Saratoga cóctel, 135
Saratoga cooler, 135
Sari cóctel, 136
Schweizerhof cóctel, 136
Screw driver, 63
Sherry cóctel, 136
Sherry flip, 137
Shirley Temple, 63
Siam cóctel, 137
Sicky cóctel, 137
Sidecar, 45, 64
Singapur sling, 64
Smeraldo, véase *Esmeralda*
Snow ball, 64
Solitario, 137
Sours, 64
Souvenir fizz, 137
Special Mary, 137
Spritzer, 64
Stanley cóctel, 138
Starlight cóctel, 138
Stinger, 46, 64
Strawberry daiquiri, 65
Sunny dream, 52
Sweet memories, 52
Tajada al limón, 138

ÍNDICE GENERAL DE CÓCTELES

Talent, 138
Talma cóctel, 138
Tammany-hall, 138
Tango cóctel, 139
Tequila sunrise, 65
Tequini, 65
TNT cóctel, 139
Tokay cóctel, 139
Tom Collins, 139
Tom Collins Schweppes, 139
Tomato cóctel, 140
Tony, 140
Topper cóctel, 140
Tse-tse cóctel, 140
Tulip cóctel, 140
Turpin cóctel, 140
Tuttosi, 52
Twelve mile limit, 141
Último cóctel, 141
Une idee, 141
Union fantasy, 141
Univers cóctel, 141
Universal cóctel, 141
Up-to-date, 142
Urania cóctel, 142
Ursula, 142
Uruguay cóctel, 142
U.S. cóctel, 142
Valencia cóctel, 142
Velocity cóctel, 142
Velvet hammer, 65
Venezolano cóctel, 143
Venezuela cóctel, 143
Vera Cruz cóctel, 143
Vergy cóctel, 143
Verita's cóctel, 143
Vermú cóctel, 143
Versilia, 144
Victory cóctel, 144
Vie en rose, 144
Vie rose cóctel, 144
Vienna girl, 144
Villamil's cóctel, 145

Violet cóctel, 145
Vitamine cóctel, 145
Vittoria cóctel, 145
Vizagapatam cóctel, 145
Vodka and tonic, 145
Vodkatini, 65
Volga cóctel, 146
Voslau cóctel, 146
Vulcano cóctel, 146
Waldorf cóctel, 146
West-ham cóctel, 146
Whisky brandy, 147
Whisky cóctel, 147
Whisky crusta, 147
Whisky eggnog, 148
White lady, 46, 66
White spider, 66
Winnipeg cóctel, 148
Worcester cóctel, 148
Wyse cóctel, 148
Xamasca cóctel, 148
Xantia, 148
Xantia cocktail, véase *Xantia*
Xanto cóctel, 149
Xau cóctel, 149
Yellowstone cóctel, 149
YMCA, 149
Y.M.C.A. cocktail, véase *YMCA*
Yonge cóctel, 149
York special, 149
Young man, 150
Young river, 150
Yucatán cóctel, 150
Yule cóctel, 150
Yzeures cóctel, 150
Za la mort, 150
Za la vie, 151
Zanzerac, 151
Zanzíbar cóctel, 151
Za-za, 46
Ziska cóctel, 151
Zizicar cóctel, 151
Zorrilla de San Martín, 151

www.ingramcontent.com/pod-product-compliance
Lightning Source LLC
Chambersburg PA
CBHW080639170426
43200CB00015B/2893